杨成 ◎ 主编

国际体育赛事遗产的
成都记忆

四川大学出版社
SICHUAN UNIVERSITY PRESS

图书在版编目（CIP）数据

国际体育赛事遗产的成都记忆 / 杨成主编． — 成都：四川大学出版社，2023.4
ISBN 978-7-5690-6070-6

Ⅰ．①国… Ⅱ．①杨… Ⅲ．①运动竞赛－概况－成都 Ⅳ．① G812.771.1

中国国家版本馆 CIP 数据核字（2023）第 061608 号

书　　名：国际体育赛事遗产的成都记忆
　　　　　Guoji Tiyu Saishi Yichan de Chengdu Jiyi
主　　编：杨　成

选题策划：梁　平
责任编辑：梁　平
责任校对：李　梅
装帧设计：裴菊红
责任印制：王　炜

出版发行：四川大学出版社有限责任公司
　　　　　地址：成都市一环路南一段 24 号（610065）
　　　　　电话：（028）85408311（发行部）、85400276（总编室）
　　　　　电子邮箱：scupress@vip.163.com
　　　　　网址：https://press.scu.edu.cn
印前制作：四川胜翔数码印务设计有限公司
印刷装订：四川省平轩印务有限公司

成品尺寸：170 mm×240 mm
印　　张：8
字　　数：150 千字

版　　次：2023 年 5 月　第 1 版
印　　次：2023 年 5 月　第 1 次印刷
定　　价：49.00 元

本社图书如有印装质量问题，请联系发行部调换

版权所有◆侵权必究

扫码获取数字资源

四川大学出版社
微信公众号

天府文化研究中心 2021 年一般项目（TYB202101）
天府国际体育赛事研究中心重点项目（YJY2022A01）

编委会

主　编：杨　成（西南石油大学）

副主编：杨　帆（成都体育学院）
　　　　刘小龙（成都工业学院）
　　　　谭步军（四川省教育科学研究院）
　　　　池陈成（四川文化艺术学院）
　　　　杨　飞（成都体育学院）
　　　　张　戈（四川省汶川中学校）
　　　　韩　飞（西南石油大学）
　　　　冯　庆（天府第七中学）

编　委：蒋　鑫　全恩俊　刘慧慧　杨　泽　罗明珠
　　　　李　丹　吴俊秋　赵　明　刘　丽　严运佳
　　　　刘中琼　滕金科　易健安　贺嘉祺　沙　麟
　　　　唐建菊　刘禹涵

目　　录

绪　论 ………………………………………………………………（1）

第一章　国际赛事的成都名片 ………………………………………（2）
　　第一节　世界赛事名城的文化积淀 ……………………………（2）
　　第二节　世界文创名城的体育印记 ……………………………（7）

第二章　赛事遗产：体育文化的"延伸" …………………………（11）
　　第一节　奥运会赛事遗产 ………………………………………（11）
　　第二节　亚运会赛事遗产 ………………………………………（15）
　　第三节　世界性运动会成都赛事遗产 …………………………（20）

第三章　国际赛事：体育文化的"脉络" …………………………（32）
　　第一节　国际赛事场馆的城市地标 ……………………………（32）
　　第二节　赛事助推城市环境的提升 ……………………………（40）
　　第三节　成都城市的国际赛事 IP 遗产 ………………………（48）
　　第四节　赛事交通的通达便捷 …………………………………（58）

第四章　国际赛事志愿文化和服务人才遗产 ……………………（61）
　　第一节　国际赛事志愿文化遗产 ………………………………（61）
　　第二节　国际赛事服务人才遗产 ………………………………（65）

第五章　国际赛事运行的保障 ……………………………………（70）
　　第一节　国际赛事运行的体系保障 ……………………………（70）
　　第二节　国际赛事运行的空间保障 ……………………………（72）

1

第六章　国际赛事非物质文化的活态传承…………………………………（76）
　　第一节　国际赛场上的篮球记忆……………………………………（76）
　　第二节　国际赛场上的乒乓球记忆…………………………………（80）
　　第三节　国际赛场上的足球记忆……………………………………（86）
　　第四节　国际赛场上的世界警察和消防员运动会记忆……………（90）
　　第五节　国际赛场上的成都马拉松记忆……………………………（92）
　　第六节　国际赛场上的大运会记忆…………………………………（101）

主要参考文献……………………………………………………………（116）

绪　论

文化是一座城市独特的象征，也是一座城市的根基和灵魂。2000多年前，李冰父子修建了都江堰，把岷江的富水引到成都平原。从此，成都平原告别了原始的饥荒，"水旱从人，不知饥馑"，历经千百年，赢得了"天府之国"的美誉。直到今天，"天府"仍然是成都的一个重要代称。

在努力建设具有中华文明魅力和天府文化特色的世界文化名城进程中，成都这座城市里的实体书店和博物馆数量位居全国前列，城市音乐厅、天府艺术公园、体育场馆等文化地标不断出现，世界警察和消防队员运动会、成都马拉松、2022年第56届世界乒乓球团体锦标赛、2023年第31届世界大学生夏季运动会、2024年汤姆斯杯暨尤伯杯赛、2025年第十二届世界运动会等顶级赛事的举办和筹备，极大地提升了成都的国际知名度和城市影响力，在2019年全球赛事影响力城市榜单中，成都跃升至第28位，跻身中国前三。

在"三城三都"（世界文创名城、世界旅游名城、世界赛事名城，国际美食之都、国际音乐之都、国际会展之都）建设中，成都把建成拥有"全国领先的体育场馆、国际知名的体育赛事、高度发达的体育产业、辐射全球的体育资源"的世界体育名城作为目标和方向。建设世界体育名城，不仅是竞争维度上的多元思维，更重要的是培育和建构一种全民参与的生活方式和多元的城市文化形态。

让成都走向世界，让赛事铭记成都。

第一章　国际赛事的成都名片

第一节　世界赛事名城的文化积淀

世界赛事名城是指能够经常筹办重大综合性国际赛事或顶级单项国际赛事，同时拥有高水平职业体育俱乐部，以及自身拥有高人气、高商业价值的自主IP（知识产权）赛事的城市。成都构建世界赛事名城，不仅要呼应城市竞技的高质量发展，还要体现城市高品质生活的创新实践。城市生态、人文以及城市建设的提升，是推广成都赛事名城标志性符号，具有凸显成都国际赛事内涵、展现地域风情、发扬体育精神、提升国际影响力、凝聚民族精神、彰显文化底蕴以及塑造城市形象等作用，是打造体育产业品牌的重要路径，也是成都世界赛事名城文化积淀的重要一环。

世界赛事名城应拥有一流的体育竞赛场馆与设施，具有承办大型国际体育赛事的容纳力，也就是所谓的公共体育空间充分。城市要有一定的体育竞赛管理人才与技术来匹配大型赛事的开展，并且要有举办群众体育、竞技体育以及大型体育竞赛的经验。高水平的职业竞技体育俱乐部同样也是世界赛事名城的标配，往往充当"城市英雄"的角色，是带动城市体育发展的重要一环。在高水平职业俱乐部的牵头下，引导城市居民爱上体育，愿意参与体育，会更好地让城市懂体育，塑造城市深厚的体育传统，从而推动城市浓厚的体育文化与城市精神文明相融合，体现世界赛事名城的体育特色。

一、成都IP赛事的积淀

成都建设世界赛事名城、打造全球化的国际体育城市，一直力求从两个方面出发：一方面是注重自身体育发展，注重群众体育与竞技体育的融合发展；另一方面是通过塑造城市形象与品牌提升城市国际影响力，使体育推动和促进成都的发展，让体育事业成为成都国际影响力、经济生产力以及社会亲和力的一部分。

对于自身的体育发展，成都注重将体育赛事与川蜀文化融合，打造成都赛事文化符号，形成国内体育 IP 赛事，再逐步转向国际。"熊猫杯"国际青年足球锦标赛和成都马拉松就是成都近年来在国内构建 IP 赛事的典范代表。其中，2014 年创立的"熊猫杯"国际青年足球锦标赛，是一项由中国足球协会、成都市人民政府共同主办的国际青年足球锦标赛。"熊猫杯"国际青年足球锦标赛已举办多届，吸引了众多国家参与，让更多青少年近距离感受到了同龄人的竞技水平，激发了自身斗志，树立了正确的体育价值观和人生观。这场赛事对成都体育教育事业发展更是一个良机，通过与各国优秀体育人才的交流和学习，提高了成都体育管理者和专业体育教练的能力，优化了体育管理，探究成都体育发展模式，为成都竞技体育事业的健康可持续发展打下了良好基础。

第一届成都国际马拉松于 2017 年 9 月 23 日，由成都市人民政府和中国田径协会联合主办，成都市体育局、成都传媒集团、成都高新区管委会、成都天府新区管委会共同承办。2019 年，为贴合国际化的赛事形象，成都国际马拉松更名为成都马拉松。成都马拉松项目设置有适合民众参与的欢乐跑（6 千米）等项目，真正做到了全民参与，助力人民身体健康。成都马拉松也塑造了成都这座城市良好的社会风尚，彰显了成都始终坚持把满足人民群众多方面、多层次、多样化的精神文化需求作为文联和文艺工作的出发点和落脚点，不断提高人民群众的审美品位和人文情怀，提升人民群众的道德理想和精神境界，强化人民群众追求真善美的自觉意识。

"熊猫杯"国际青年足球锦标赛和成都马拉松作为成都构建自主 IP 赛事体系的主力军，立足于打造城市品牌、推广全民健身，正一步步丰满自身的羽翼，展现出成都"以赛营城"思路的阶段性硕果。2021 年，四川省体育局以"办人民满意的体育"为宗旨，提出体育迎春节的构想，开展"全域天府"IP 系列赛事，在春节前后举办超过 10 个项目的线上和线下体育赛事活动。

二、天府文化与体育产业的融合

世界赛事名城的建设需要体育产业的高质量发展作为支撑，完善城市体育产业的服务体系与发展是落实世界赛事名城战略目标的前提和基础。开展国际体育赛事展览会和体育竞赛主题摄影等相关活动，不仅可以提高民众对体育的认知，还可以通过评选优秀作品激发人们探索体育运动的兴趣。创办体育文学协会和刊物，鼓励人们创作多种多样体育题材的文章，提升人们对体育文化的

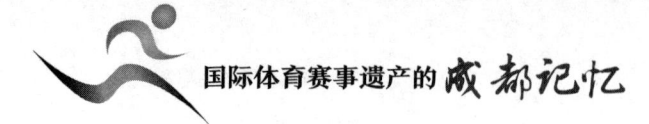

热度，有利于促进体育文化与天府文化的融合，最终推动体育产业的发展。

随着旅游模式向"全域化"趋势演变，国家为满足民众的生活需求，鼓励全国各地开展特色小城镇的建设工作，即将本地区的生活习惯、特色文化和休闲度假、旅游服务结合，合理划分区域内资源结构，满足消费者多方面的需求。政府应打造多元化体育产业体系，建设体育产业特色旅游小镇，弥补体育产业受季节、人文与环境影响的损失，补齐旅游产业发展的短板。

体育产业特色旅游小镇建设应围绕产业、功能和布局进行，大力打造特色产业品牌，形成品牌效应，将特色体育产业作为小镇向外界拓展的重要一环。第一，建立特色产业研发、加工、生产和销售为一体的产业链，并加强产业与外界的联系。第二，加强小镇内冰雪运动高端设备的配备和娱乐项目的补充，扩大冰雪运动范围，将冰雪运动与娱乐、休闲相结合。第三，合理分配整体布局，将小镇内部资源合理规划，划分体育运动区域（竞赛项目与娱乐项目）、休闲度假区域（度假酒店与观光风景等）和民族风情区域（地域文化与民俗民风等），将主动权交还给消费者，提高参与者二次体验率，为体育产业特色旅游小镇的可持续发展提供保障。

三、成都市体育生态公园的建设

对于一座城市来说，良好的都市环境是提升城市品位，让人民安居乐业的保障。城市的发展需要依靠城市居民，美丽的城市环境可以让市民从中乐享创新，两者相辅相成。成都世界赛事名城的构建，为这座城市的环境发展提供了一次巨大的机遇。在建设期间，成都重点围绕治气、治沙、治水，实施严格的环境监管；结合城市实际情况，加强交通廊道绿化美化；合理开发水资源，积极推进城市水体提质及岸线环境整治，保护城市重要水源地和生态屏障；构建体育新场景，推进体育生态公园的建设。

生态公园的构建与形成为成都居民的日常生活提供了新型消费模式。生态公园可促进周边产业发展，助力城市经济建设，为居民的娱乐生活开辟新的道路，构造出丰富多彩的生活娱乐场所，极大地满足不同人群的生活需求，更好地促进成都良好的社会风尚的形成。在"城市公园"理念的指引下，成都积极构建新的经济文旅、体育文旅以及体育赛事的活动场所，对于塑造成都城市形象以及国际名片都注入了新的动力，也是助推成都国际体育赛事发展的最优选择。

同时，在"三城三都"战略部署下，在构建"世界赛事名城"的政策支撑下，成都城市生态公园与体育商业模式体系的完善与打造有了更远大的发展前景，成都体育公园迎来了建设的高峰。

成都驷马桥公园（如图1-1所示）占地面积26亩，由多个绿地组成，在公园设计中融入"凤求凰"典故，以"凤凰"为元素，使公园形态贴合自然，地形不拘泥于平地，融合山丘、河流等，生态环境建设趋于完美。成都驷马桥公园除增设了移动商业、文化广场、休闲平台等功能区域，还设有运动球场、健身步道、健身器械等众多体育设施，能够满足各类人群的需求，为市民提供运动健身的空间。

图1-1　成都驷马桥公园

图片来源：《颜值超高！成都又双叒叕新增一座公园》，https://www.163.com/dy/article/GI3QUBME05149D15.html。

高铁城市公园（如图1-2所示）是成都首个以高铁文化与体育元素为主题的公园，是以打造"成渝地区双城经济圈"成都门户为理念的一条高铁城市公园风光带，形成了"从公园看列车、从列车看公园"的城市公园新场景。公园分两期：一期为儿童和老年人等人群服务，以学乐与颐养为核心，主要包括美丽的绿化景观与不同公园场景，为市民提供"轻运动"健身场所。二期为城市年轻人服务，将各类体育元素充分融入，为青少年提供享受竞技体育的场所。

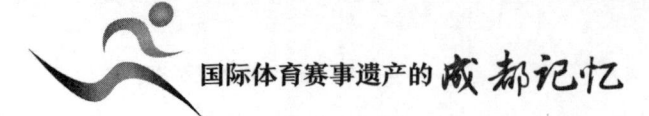

图 1-2　高铁城市公园

图片来源：《高铁城市公园开放！坐标成都！》，https://m.thepaper.cn/baijiahao_14166578。

东安湖体育公园（如图 1-3 所示）是为了迎接第 31 届世界大学生夏季运动会和 2025 年第十二届世界运动会修建的，建成后将继续用于承办全国性或国际性大型赛事。公园以"一湖一环，七岛十二景"支撑其特色景观体系，主题氛围和景致各具特色，以丰富的文化元素为内涵，融入了林盘文化、桃花文化、竹文化等多重元素。公园内有六个游玩主题区域、一个游玩沙滩、一处综合运动场，周边配有体育场馆、东安阁、图书馆、艺术馆和剧院等公共服务场所，同时还配备接待酒店。作为国际赛事的重要配套项目，东安湖体育公园承担着向世界展示中国风格、宣传巴蜀文化的重要任务与使命。

图 1-3　东安湖体育公园

图片来源：《东安湖湿地公园详细规划首次曝光！"十二景"抢先看》，https://www.thepaper.cn/newsDetail_forward_8144807。

成都将 IP 赛事的打造、天府文化与体育文化的融合以及城市生态体育公园的建设作为提升成都综合形象的催化剂，以此为契机推动城市发展、环境景观建设以及生态建设，构建独特的成都体育赛事形象景观，借助赛事活动与媒体传播聚焦世界目光，向世界展示成都特有的城市魅力与风土人情。

第二节 世界文创名城的体育印记

《成都市体育发展"十三五"规划》提出，要积极举办一系列大型体育品牌赛事，坚持将引进和培育自主知识产权品牌赛事相结合，发展赛事和表演市场，建设世界赛事名城；全面推进体育文化融入"一带一路"倡议，广泛开展足球、网球、乒乓球等城际与国际交流活动，让以"体育成都"为主题的系列本土体育品牌享誉全国。

打造赛事名城，要坚持办有特色赛事的理念，突出自主品牌赛事的培育与创新。于2017年9月23日举行的首届成都国际马拉松，吸引了来自世界各地的2万名选手参加了比赛，CCTV体育频道进行了现场直播。赛事的成功举办，填补了成都30多年来没有在主城区举办马拉松赛事的空白，展示了成都良好的城市风貌，展现了成都建设充分体现新发展理念的、国家中心城市的信心和实力。随着成都马拉松的成功，成都已经形成了以成都马拉松、成都双遗马拉松为龙头，以双流女子半程马拉松、金温江半程马拉松、邛崃半程马拉松项目为补充，以大量社会马拉松赛事为基础的马拉松赛事格局。

成都也积极响应国家战略，举办了"一带一路"成都国际乒乓球公开赛、"一带一路"成都－澳网国际大学生网球邀请赛。FISE世界极限运动巡回赛已经在成都举办了几年，随着小轮车和滑板运动在奥运会上的成功，这些项目的竞争力和观赏性都有了明显的提高。2017年增加的FIG跑酷展览比赛，进一步提升了赛事的吸引力。此外，国际网联青少年大师赛、"熊猫杯"国际青年足球锦标赛等本土赛事的国际影响力也在不断扩大。

众多体育赛事落地成都，与成都广泛加强与国际体育组织、国家行业协会的合作是密不可分的。近年来，成都积极争取国家体育总局、国家体育总局相关项目管理中心及其所属的国家单项体育协会对成都申办国际重大体育赛事的支持，加强与国际乒乓球联合会（以下简称国际乒联）、国际网球联合会、澳大利亚网球协会等国际赛事组织的沟通。

按照规划，成都将于2035年建成长达16930公里的天府绿道体系，规划

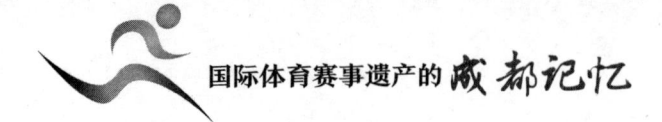

中的绿道具有生态安全、慢行交通、休闲旅游、城乡融合、体育锻炼、应急避难等功能，能够满足人民群众的美好生活需求和优美生态环境需求。成都市体育局邀请专家对天府绿道体育设施建设标准进行研究，科学规划天府绿道体育设施体系，根据体育设施的现状配点建设相应的体育设施。

"体育成都"已成为享誉国内外的知名城市体育品牌，成都建设世界赛事名城的进程日益加快。近年来，成都体育产业持续保持高速增长，受益群众对体育健身越来越重视，各类市场主体不断对体育产业进行投入，众多国际知名大型赛事不断开展，体育消费市场快速发展以及体育产业新业态、新模式、新技术、新应用深度发展，创新、改革、转型升级、高质量发展也更加突出。

成都双遗马拉松、中国·成都天府绿道国际自行车车迷健身节、铁人三项世界杯赛、"熊猫杯"国际青年足球锦标赛、国际篮联三对三世界巡回赛大师赛（成都站）、世界体育舞蹈节、成都马拉松、ATP250成都网球公开赛、世界乒乓球团体锦标赛……这些活动既有鲜明的"成都标志"，又有成都城市定位的独特特色。以2015年成立的成都双遗马拉松为例，该赛事场地位于"世界文化遗产"都江堰和"世界自然遗产"青城山之间，将体育赛事与当地文化、旅游相结合。在全面塑造"三城三都"城市品牌的关键时期，城市总体规划为体育产业发展带来了新的机遇。天府奥体城、龙泉山城市森林公园、天府绿道体系将形成完整的成都户外休闲体育产业集群，集文化创意、旅游、休闲、运动健身为一体的新经济商业模式，将成为体现新发展理念的有力实践。

目前，成都正处于积极建设世界赛事名城的关键时期。在成都建立高水平的职业体育俱乐部，有利于发挥职业体育的引领作用。成都正在大力发展职业体育，加强地方职业体育俱乐部建设，参与足球、篮球、排球、乒乓球、象棋等职业联赛，进军中超足球俱乐部，打造全国顶级、世界一流的俱乐部，重塑成都金牌市场，这是成都建设世界赛事名城的目标。成都采取"走出去、请进来""国际合作、国际培训"的方式，培养造就具有国际影响力的本土体育明星。大力推进世界赛事名城建设，意味着成都决心积极引进品牌赛事，大力发展职业体育。

文化兴国，文化强国。要坚定文化自信，激发全民文化创造活力，不断提升文化软实力，建设社会主义文化强国。2018年，成都提出建设"三城三都"，加强城市文化传播和全球文化传播，把"三城三都"作为时代的表达，把成都建设成世界文化名城。近年来，以天府文化为引领，成都"三城三都"建设取得了显著成就。"世界赛事名城"是成都建设世界文化名城的重要组成部分。在这样的背景下，成都体育正以前所未有的速度和实力书写着体育事业的新篇章。

建设世界文创名城，首先要充分挖掘城市的历史文化，把传统文化作为城市发展的新视角和新焦点，用现代科技在内容和形式上多样化展现城市景观。将第31届世界大学生夏季运动会作为推动成都形象整合的催化剂，以此推动城市发展、环境建设和生态建设，打造独具特色的赛事，塑造成都大运赛事形象，借助赛事和媒体聚焦世界目光、吸引公众关注，向世界展示成都城市魅力和独特的风土人情。

此外，推进体育场馆数字化、智能化，建立举办、参与、观赛一条龙智能服务体系。智慧体育将成为世界赛事名城建设的新轨道，也将推动整个城市的生态升级。毫不夸张地说，积极申办和举办国际大型体育赛事，打造世界赛事名城，是促进体育产业发展、提升城市整体水平的"核武器"。

举办大型活动，对举办城市的硬件设施将提出更高要求。以举办大型活动为契机，可以快速推进城市基础设施建设、公共交通建设和城市改造升级。交通便利，居民生活环境的美化和改善，丰富多样的体育健身设施，不仅方便市民，也可为体育赛事的举办提供必要的保障。

随着赛事的筹备，主办区域的相关工作也会有较大的提升。除了赛事带来的社会服务岗位的增加，赛事相关专业人才的需求也将大幅增加，包括赛事策划、赛事宣传、场馆运营、赛事安保、赛事管理、媒体广告、医疗保健、保险金融、体育旅游等方面的人才需求。根据国际经验，各类大型场馆建成后，很多场馆运营商会争夺政府外包资质。展馆的每个功能区都需要相应的工作人员，这也增加了城市的就业率。因此，将赛事策划和场馆管理"交给"市场，有利于形成商业化的城市体育格局，其影响力甚至会超越赛事所在区域。

近年来，成都先后获得第31届世界大学生夏季运动会、2022年第56届世界乒乓球团体锦标赛、2024年汤姆斯杯暨尤伯杯赛和2025年第十二届世界运动会的申办权。在2019年全球赛事影响力城市榜单中，成都跃升至第28位，跻身中国前三。

《成都体育赛事体系规划（2021—2035年）》提出，到2025年，每年在成都举办70余场国际、国家高水平赛事，基本形成与世界赛事名城相匹配的赛事体系。体育赛事将成为成都发展的"新名片"。体育精神和体育文化将塑造成都优雅、时尚的城市精神，对市民生活产生更大的影响力、吸引力和凝聚力。

第31届世界大学生夏季运动会是成都有史以来举办的规模最大的综合性国际运动会。这是成都世界赛事名城战略建设的一个里程碑，也将为成都今后

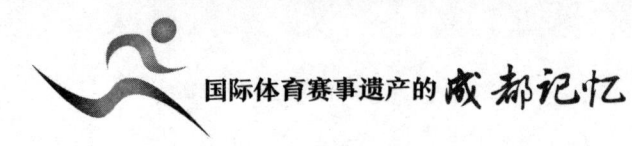

举办更多的国际赛事奠定坚实的基础。但是，要发挥大运会的深远持久作用，还需要更好地做好大运会文化遗产的挖掘、传承和保护工作，努力把大运会的物质文化遗产和非物质文化遗产体系完整地留下。

第二章　赛事遗产：体育文化的"延伸"

第一节　奥运会赛事遗产

一、走进奥林匹克遗产

"奥运会"全称奥林匹克运动会，每四年举办一次，按季节可分为夏季奥运会与冬季奥运会。奥运会由国际奥委会主办，是世界上影响最大的体育盛会[①]。国际奥委会定义的"奥运遗产"是指实现奥林匹克愿景的结果，包含所有通过举办奥运会，为公众、城市和区域发展以及奥林匹克运动创造的或加速带来的有形和无形的长期收益。

"遗产"最初是指父母传给子女的财产。随着世界遗产国际保护活动的蓬勃发展，文化遗产的概念逐渐成熟，主要是指人类或自然留给后代的珍贵产品。随着时代的发展和文明水平的提高，人们对"文化遗产"的概念有了清晰而深刻的认识。从历史、艺术和科学的角度来看，文化遗产是人类景观的普遍价值，自然遗产是自然景观在科学保护或自然美等方面的普遍价值。文化与自然的双重遗产是指自然与文化遗产价值的结合。

20世纪末，在申办1996年亚特兰大奥运会时，奥委会在其宣言中确定了"留下有用的物质遗产和精神遗产"的目标，并将人类精神层面的影响、善意、合作、分享记忆和体育设施等其他物质成就列为遗产。这时所说的"遗产"只是一种单独的解释，与奥运会无关。1997年，雅典奥运会候选城市出版了一本关于"奥林匹克遗产"项目的小册子。21世纪，国际奥委会与世界各国的

[①] 姜世波、李梦琦：《"奥运遗产"：一个国际人权视角的观察》，《天津体育学院学报》，2020年第5期，第574页。

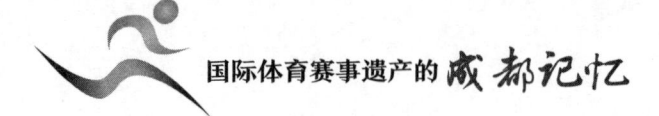

改革发展，促使"奥林匹克遗产"在奥运体系中的地位越来越重要。2003年，国际奥委会正式将"奥林匹克遗产"一词列入《奥林匹克宪章》，其任务之一是"宣传奥林匹克运动会，为主办城市和主办国留下有益的遗产"。

二、奥林匹克遗产类别

（一）有形遗产

北京是世界上第一个既举办过夏季奥运会，又举办过冬季奥运会的城市。从2008年北京夏季奥运会开始，体育场馆的建设加入高科技、智能化的元素。以北京"鸟巢"国家体育场为例，"鸟巢"这一地标建筑物是北京夏季奥运会中科技含量最高的体育场馆之一，也被誉为"十大建筑奇迹"之一，秉持着"务实办奥""绿色奥运"的理念，在建设过程中，中国人民凭借自身智慧，合理设计，优化处理，采用极其环保的建筑材料和清洁能源，极大地减轻了环境污染。

关于"鸟巢"的可持续发展，相关人员提出了一系列建议。我们回顾发现，"鸟巢"利用超高的知名度和优越的场馆设施条件，吸引了一大批大型高水平国际赛事组织者的目光，以高水平赛事带动场馆的利用，促进场馆的健康运营。"鸟巢"成为"意大利超级杯足球联赛""世界车王争霸赛"等赛事的主办场地。这些高水平国际赛事不仅影响力大，而且影响范围广，参赛运动员多，对提升场馆的知名度有着重要影响，促使场馆在运营与管理方面快速发展。

2022年北京冬季奥运会赛事场馆以夏季奥运会的场馆为主，除一个新建的国家速滑馆以外，其余赛事场馆都是由现有的场馆改造而成的。2022年北京冬季奥运会期间，"鸟巢"不再举办体育比赛，而是再次成为开幕式和闭幕式的举行场所。改造后的五棵松体育场也成为女子冰球和部分男子冰球项目的比赛场地，可在6小时内完成冰球和篮球两种比赛类型的转换。2008年奥运会游泳比赛场地的国家游泳中心水立方改为"冰立方"，作为冰壶比赛场地使用。这些场馆在赛后也都用作全民健身场地，面向市民开放。

"鸟巢"不仅与体育赛事结合，而且与演艺事业结合，承办了诸多大型演唱会、音乐会以及摄影展。通过租赁场馆、售卖门票等方法解决场馆自身经营问题，能够有效避免多余且昂贵的场馆维护费用，使场馆发挥自身的价值，不被闲置荒废，达到"物尽其用"。除此之外，"鸟巢"还具有旅游观光价值，其独特的外形吸引了一大批慕名而来的游客。

此外，奥运会还给北京留下了一个巨大的奥林匹克森林公园。奥林匹克森林公园的面积是美国纽约中央公园的3.3倍，可谓全球最大的城市公园，堪称北京市中心的"绿肺"，能够有效缓解北京的城市污染问题。

（二）无形遗产

无形遗产一般指非物质形态下的遗产。奥运会的无形遗产按形态可大致分为三类：第一类是依附于原物质而存在的。我们可以理解为奥运赛事举办国家及地区传统的文化，如中国的戏曲文化、剪纸文化等，这些传统文化往往经久不衰、代代传承，始终保持着自身独特的文化和价值。第二类是独立于物质而存在的，如奥运赛事中的歌曲、奥运赛事留给世人的独家记忆等。第三类掺杂在有形遗产中，并通过有形遗产表达出来。这些无形遗产按其内容又可大致分为思想遗产、文化遗产、政治遗产、经济遗产几类。

1. 思想遗产

思想遗产是奥运会留给人们最特别的遗产。每一届奥运会都会有其奥运理念，并且还会与举办国家和地区的特色传统文化相结合。不同的理念与文化，正是每一届奥运会的独特之处。如北京申办2008年夏季奥运会时提出的奥运理念是"绿色奥运、科技奥运、人文奥运"。这三个理念充分贴近时代背景，并且深入关怀市民，做到了将人与奥运相结合。三个理念相互独立但又相辅相成、不可分割。绿色奥运体现了对自然的尊重，人文奥运体现了奥运的人性化，科技奥运体现了奥运的现代化。绿色奥运体现了人文奥运和科技奥运的理念。人文奥运必须以绿色奥运为基础，以科技奥运为支撑。科技奥运为实现人文奥运和绿色奥运做出了贡献。因此，当我们谈论绿色奥运时，不可避免地要包括人文奥运和科技奥运。其中，绿色奥运以可持续发展的奥运理念贯彻整个奥运赛事。绿色奥运是指运用环境保护、资源保护和生态平衡的可持续发展理念，尽量减少人类活动对环境和生态系统的负面影响，积极支持政府加强环境保护，减轻市政基础设施负担，改善城市生态环境，促进经济、社会、环境可持续协调发展。科技奥运是现代科技与科学精神相融合的结果。这也使2008年北京夏季奥运会成为展示中国高科技和创新能力的舞台，成为一场极具科技含量的体育赛事。人文奥运可谓是前两个理念的核心，也充分展现了中国特色文化的理念。2008年北京夏季奥运会充分展示了东方古国独特的传统文化，并将奥林匹克精神融入其中，使之成为"和平、和谐、友好"的体育赛事。因此，思想遗产成了2008年北京夏季奥运会留给后世的重要财富。

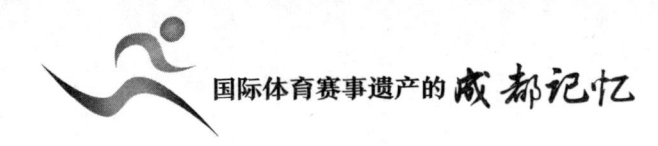

2. 文化遗产

在北京奥运会举办期间，各国运动健儿齐聚一堂，大大增强了中国与其他国家的文化交流，促进了东西方文化的交流与融合。虽说东西方文化不是一个文化体系，文化理念也不相同，但各有独特的魅力，二者的交流与融合，能够使中华优秀传统文化借鉴吸收西方文化的精华，可促进中国文化的传播与发展，丰富中国的文化。与此同时，中国也广泛地学习西方科学方法，进行运动训练，提高运动竞技水平。

3. 政治遗产

政治遗产方面主要表现在：这场赛事极大地增强了全国人民的自信心、自豪感；很大程度上振奋了人心、凝聚了中华民族精神，加快了实现中华民族伟大复兴的脚步。奥运会举办期间，北京受到了全世界的关注，让世界重新认识中国北京，重新定位中国。奥运会开幕式与闭幕式表演，令许多外国友人叹为观止。与此同时，不少国外记者的采访报道改变了国际社会之前对中国的看法与态度。在举办奥运会期间，国外奥林匹克专家来中国交流、指导，并对奥运会管理、运作以及后续的发展提出有效建议，中国借此机会学习，及时与国际接轨，提高了管理水平。

4. 经济遗产

从经济遗产来看，奥运会从前期申办到中期举办再到后期发展的这一过程，创造了巨大的商机。具体来说，奥运会的成功举办在提升国家、城市形象的同时，也为中国的服务业、旅游业、交通运输行业提供了发展的契机。奥运会的成功举办使北京吸引了来自世界各地的目光，让许许多多的外国友人重新认识了北京，也激发了他们了解北京文化、景点、风俗的热情。

借助奥运会这个平台，更多的人认识了中国，吸引了外国资本到中国投资，为中国带来了优秀的技术与人才，促进了中国经济整体水平的发展，增强了中国的综合实力。

从品牌效益来看，奥运会不仅重新塑造了城市形象，而且在体育品牌效益方面也给中国带来了诸多便利与机会。奥运会的成功举办，离不开品牌的支持与赞助。反之这些品牌也凭借奥运会这个大平台被世界看到。比如，北京奥运会中国代表团的衣服都由安踏品牌设计、赞助，其新颖独特的设计加上运动健儿的个人魅力，使品牌的知名度迅速上升，为品牌带来了巨大的收益。

总之，奥运会留给我们的遗产无穷无尽，我们应该合理有效地发现它、开发它、利用它以及保护它，使奥运遗产体系越来越完善，内容越来越丰富，走上可持续发展的道路。"十四五"期间，中国进入一个新的发展阶段，2022年北京冬季奥运会的顺利举办给我们留下了诸多遗产，我们应持续推进对冬季奥运会遗产的研究，借鉴国外优秀的经验，结合我国实际情况，推动冬季奥运会遗产的开发保护与利用。

第二节　亚运会赛事遗产

"亚运会"的全称为亚洲运动会，是亚洲规模最大的综合性运动会，同时也代表了整个亚洲的运动水平。亚洲奥林匹克理事会的成员国轮流主办这一赛事，举办周期为每四年一届。

一、亚运会赛事遗产内涵

（一）核心设施遗产

顺利举办一场大型国际综合性体育赛事，必然离不开主办城市为此积累的场馆资源、人才资源、文化资源，这一系列资源能够有效地推动主办赛事城市的体育事业发展。以2010年广州亚运会为例，为迎接这场赛事，广州新建场馆12所，其余场馆均为后期改造升级后利用。广东省奥林匹克体育中心游泳跳水馆以独特的酷似双螺旋的造型出名，它不单单是游泳、跳水等水上项目的竞赛场馆，还是这些水上竞赛项目的训练基地，同时满足竞赛与训练的需求。

广东省奥林匹克体育中心游泳跳水馆的设计理念为生态与节能，其在设计方面非常有特色。在场馆北部设置采光通风窗，可以随时遮蔽与开合；东西部的凹槽设可开启的外窗，这样能够有效地降低室内不必要的照明损耗，同时将游泳池蒸发的水分排至室外。游泳场馆的东、西、南三面采用了较多实体墙面，幕墙面积被减少，降低了室内太阳辐射带来的热量，从而减少了空调使用的频率，减低了由空调带来的损耗。

亚运会赛后，天河体育中心秉持着推动全民健身的理念，改造升级完善相关配套设施，分别向市民开放了足球、羽毛球、乒乓球、田径、游泳等30多个运动项目的体育设施，同时还增设了全民健身公益服务平台，将天河体育中心打造成全民健身综合场，推动了全民健身与体育产业的健康发展。

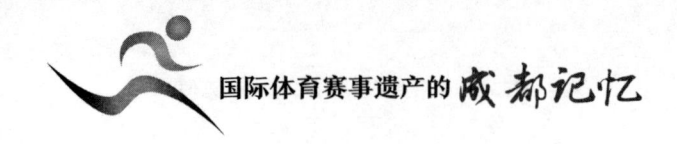

（二）人才资源遗产

亚运会的成功举办离不开日日夜夜奋斗在亚运会一线的工作人员，一场大型国际综合体育赛事能给主办城市、国家及地区留下丰厚的人才资源遗产，这也是一笔宝贵的财富。广州亚运会积累了大量的与体育赛事相关的优秀人才，这些优秀人才分布在不同的岗位。其中专业管理运营赛事方面的人才被邀请到其他国际大型赛事做经验交流与指导；部分优秀人才经过亚运会这种大型体育赛事的洗礼，受到了体育的启发与鼓舞，走上了职业体育的道路；部分人员在亚运会之后对体育行业进行分析并结合自身专业，成了体育产业的创业者。

（三）基础设施服务遗产

亚运会的举办为广州留下了大量基础设施遗产，如酒店、城市交通、环境保护与优化等。广州属于人口较多的城市，城市的基础交通设施不能完全满足城市居民上班、生活、上学的需求。亚运会的成功申办，为改善城市交通状况提供了一个必要条件。广州及周边城市都在不断完善城市相关的基础设施，加大了资金投入力度，使地铁延展到广州周边地区，极大地缓解了广州的交通压力。在实现城市与城市之间协同发展的同时，广州也实现了飞速式的发展，很大程度上提高了市民生活水平与生活质量。亚运会促进了城市公共设施的现代化发展，贴合群众，切实解决了群众所面临的问题，既能够保证亚运赛事的正常进行，也满足了群众的需求。

亚运会前期，广州新建了数家酒店，其中包括喜来登酒店、索菲特酒店等十多家星级酒店，为亚运会及亚运会之后城市旅游的发展提供了便利的食宿条件。交通基础设施与酒店服务条件的便利，为旅游业的发展带来了动力。举办亚运会能够极大限度地提高城市的知名度、美誉度、影响力。旅游业的发展，也会促进旅游相关产业和当地就业环境的发展。

广州亚运会相关负责部门开展了一系列大力宣传亚运会的活动，向世界展现了中国广州的传统历史文化与现代文明，让全世界认识到广州既是具有深厚历史文化底蕴的城市，也是一座现代化、开放的大都市。对于城市环境方面的问题，政府大力贯彻"绿色亚运"理念，投入大量的资金、精力在环境治理方面，大力治理城市环境，使其有了质的提升。广州城市的生态环境建设，结合了自然地理条件与当地独有的岭南特色文化，推行绿色城市理念，在环境治理方面体现了城市的可持续发展。

（四）文化遗产

文化遗产的保留，不仅能向世人传播优秀文化，还能增强国民文化自信。从文化遗产方面来看，亚运会举办期间，各个参赛国家的人员齐聚一堂，带来的是不同文化的碰撞，极大地促进了中国与其他国家的文化交流，促进了优秀文化的交流与融合。

每一届亚运会所特有的亚运会吉祥物，融入了主办城市、国家的文化以及举办亚运会的理念，凝聚了千万人的体育梦想，传达了千万人的期许。广州亚运会吉祥物的主题是"五羊"。"五羊"是广州最著名的标志物，吉祥物将"五羊"元素与城市相结合，创意十足，巧妙设计，全面展现出广州的历史文化底蕴、精神风貌和人文标志。吉祥物在定意、设计、发布等方面都有大众参与的身影。

除此之外，广州亚运会的开幕式、闭幕式也彰显了浓厚的文化底蕴。在开幕式、闭幕式中加入了舞狮表演、广州音乐、大色块表演，处处体现岭南特色，充分展现了独有的岭南文化。这些特色传统文化为艺术表演者提供了创作的源泉，赋予岭南特色文化新的魅力。亚运会的举办使广州本土特色文化有了时代感。

（五）思想遗产

不同的赛事理念与不同的历史文化相碰撞，正是每一届亚运会的亮点。同时这些思想遗产也通过亚运赛事反映出举办城市的历史文化与现代文明。这些思想遗产是每一届亚运会留给世人最好的礼物。迎接亚运、筹办亚运、举办亚运，在此过程中组织的一切活动都会潜移默化地影响大众。经过亚运会的鼓舞，市民参与体育健身活动的意识增强，促进了人与体育的发展。结合当地实情，广州还可开展具有特色的体育运动项目，推动民族体育的发展。体育赛场上奋勇争先、无所畏惧、勇于直前的精神会感染无数的人，激励着他们不断积极向上。亚运会各个流程的推动离不开赛事志愿者的无私奉献，数万志愿者的付出与热情服务，极大地提升了亚运会的志愿服务水平，也推动了广州志愿服务的发展，塑造了文明和谐的城市风尚。

二、亚运赛事遗产展望

日益发展强大的中国越来越有实力、能力、技术去承办一些大型国际体育赛事，中国的大型体育场馆建设也逐渐趋于智能化与数字化，积累了大量组织

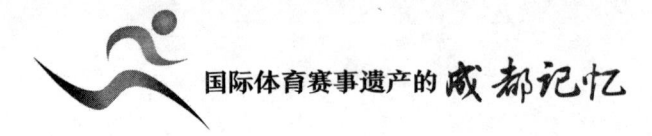

大型综合体育赛事的经验。当前中国正处于开启全面建设社会主义现代化国家新征程、努力把"十四五"规划和 2035 年远景目标变为现实的重要时刻，正处于"两个一百年"的历史交汇期，2023 年杭州举办亚运会对城市及所在区域的发展有重要的社会意义。

（一）创建改造赛事场馆，提升体育水平

杭州亚运会将以"中国特色、浙江风采、杭州韵味、精彩纷呈"为目标而举办，同时坚持"绿色、智能、经济、文明"的理念。关于场馆建设，杭州坚持力求节俭、绝不铺张的原则，充分利用、整合周边城市现有场馆资源，将其作为亚运会各项赛事场地。杭州奥体中心将作为杭州 2023 年亚运会赛事的主场馆，该场馆采用了大量绿色低碳技术，场馆内采用自然采光方式，很大程度上减少人工照明，降低了能耗。组委会在筹备亚运会前期就考虑到低碳节能的理念，将体育与环境相结合，促进城市绿色发展的同时，打造绿色场馆，实现体育场馆可持续发展和环境保护相统一。

对于热爱健身的市民来说，亚运会将留下世界级的硬件设施，让他们真正感受到运动的乐趣。全民健身的活动也将会越来越多，带动更多的人参与到体育锻炼中，体会体育带来的快乐。同时，亚运会的办赛理念与体育精神，将会影响每一个人，使每一个人意识到体育的作用。亚运会将对市民的道德、文明和人文观念产生深刻影响，丰富和发展市民的体育价值观和体育意识，促进市民参与体育活动。

（二）加快提升基础设施建设，促进经济的可持续发展

结合历届亚运会的实际情况来看，亚运会的成功举办可以给主办城市带来良好的经济效益，在一定程度上促进国民经济的消费，增加社会就业总量等经济效益。除此之外，从侧面看，亚运会带来的"连锁反应"更不容小觑，这种反应可能会出现在各大城市及其周边都市的各个角落，其带来的影响广泛而又深远，将在一定程度上对城市的旅游、服务、会展、文化艺术、交通运输、贸易等产业产生积极作用。

主办亚运会的城市届时会吸引大量的访客到此，这就对亚运举办城市的交通基础设施提出了较高的要求，所以亚运会的举办必然会提升城市的交通基础设施状况。场馆周边将会建设一批轨道交通、道路等设施，比如杭州地铁为迎接亚运会的到来，计划在赛前完成 13 条线路的修建，地铁网将覆盖 10 多个城区，串联起 50 多个亚运场馆。地铁的修建可拉近杭州与绍兴两地亚运场馆的

距离，也可为长三角地区一体化提供动力，为促进绍兴等城市的协同发展提供有力的保障和支撑。

一场大型国际综合体育赛事成功举办的背后，离不开广大赞助商、供应商、合作伙伴等的支持。在这种时代背景下，杭州举办亚运会，不仅能够直接带动杭州的经济快速发展，还将吸引大量企业赞助加盟，企业能够借助亚运会这个大平台，提高自身品牌的国际知名度，增强品牌的竞争力和影响力。

（三）构建智慧城市，塑造城市新形象

一场大型综合性体育赛事的成功举办，会为主办城市与国家留下一笔宝贵的无形遗产。例如杭州亚运会的办赛理念为智能亚运，在亚运会举行期间，5G 技术将与人工智能、云计算、大数据等高水平新技术相结合，打造一个不一样的智能亚运会，充分展现我国的实力，提高杭州在世界城市中的地位。

杭州亚运会吉祥物为组合"江南忆"，该吉祥物贯彻了智能亚运的理念，并结合杭州深厚的历史文化底蕴，以机器人的形象出现，一改之前吉祥物的面貌，大胆创新，在宣传我国优秀传统文化的同时，传达出人们对杭州亚运会的期望。其中"琮琮"鼓舞人们激发生命活力，创造美好生活，代表了世界遗产良渚古城遗址；"莲莲"展现了精致和谐、大气开放的人文精神，传递着共建人类命运共同体的期许，代表了世界遗产西湖；"宸宸"展现了海纳百川的时代精神，架起了亚洲和世界人民的心灵之桥，代表了世界遗产京杭大运河。通过这次亚运会，杭州将会收获丰富的智慧办赛与智慧城市的经验，同时也可彰显杭州的实力，极大地提高杭州城市智能化管理水平。

大量的志愿者将会为亚运会的举办奉献出一份力量。志愿者以"真诚、热情、无私、高效"服务赛事，能够极大地提高亚运会赛事参与者对主办城市的认识水平并留下深刻且美好的印象。

相信以后我国会承办越来越多的大型体育赛事，并且有实力将赛事完美地举办完成。亚运会的举办对国家来说具有深远的意义，在很大程度上能提高国民身体素质，也能不断地推进国家竞技体育的发展，增强体育综合实力，提升其在国际体育中的地位。

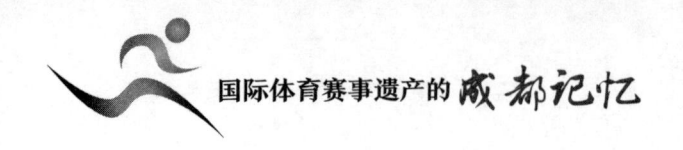

第三节　世界性运动会成都赛事遗产

世界运动会吸引全球极大的关注，主办城市通常投入巨大的资源，力求办出一届精彩的赛事。世界运动会赛事的遗产是宝贵的、长远的和可开发的资产，可以明智地加以利用，以带来连绵不断的利益。

2017年，成都市政府在其官方网站上公布了《成都市服务业发展2025规划》，正式提出"赛事名城行动计划"，表示成都即将利用筹办各类世界著名大型体育赛事的契机，打造出有一定国际影响力的地方代表性赛事；加强与世界重大赛事主办方的交流与学习，积极引进国际重大赛事活动，促进竞技比赛与体育表演的市场占有率；鼓励社会力量投资建设各类赛事水准达标的体育设施，构建与成都当前实力水平、城市定位相匹配的具有地方特色的体育赛事发展脉络，逐步实现成都成为世界赛事名城的远大抱负。

2017年成都举办了19项国际体育赛事。2018年成都共举办国际赛事23项，形成了国内国际相结合的赛事规模结构体系，这些高水平的国际赛事吸引了来自全球近百个国家和地区的6万余名选手来蓉报名参赛，构建了多种多样的体育竞赛表现模式。体育竞赛表演及周边产品收入大幅提升，成都世界赛事名城规划稳步推进。规模宏大、时间密集、节奏快的赛事的申办和举办，为成都留下了社会遗产、文化遗产、体育遗产、经济遗产、环境遗产、城市发展遗产等颇为富裕的赛事遗产。这些世界赛事遗产为成都实现"赛事名城行动计划"烙下了深刻的烙印，增添了丰富多彩的"成都记忆"。

一、世界性运动会成都赛事遗产——成都马拉松

成都马拉松是由成都市政府和中国田径协会共同主办，成都市体育局、成都传媒集团、成都高新区管委会、成都天府新区管委会共同承办的一项国际性公路赛事。2019年，成都马拉松成为世界马拉松大满贯联盟候选赛事，也是国内唯一进入大满贯候选的马拉松赛事。

（一）体育遗产

1. 运动竞技

2017年，首届成都国际马拉松盛大举行。2018年，成都国际马拉松设有

全程马拉松 12000 人、半程马拉松 10000 人及欢乐跑 6000 人 3 个项目，来自世界 54 个国家的 28000 余名跑友参加了该届赛事。比起 2017 年，2018 年成都马拉松的参赛人数增加了 8000 余人，首日报名人数就突破了 25000 人，中签率 55.7%，总报名人数 50294 人①。2019 年 1 月 18 日，人民网发布了"2018 年最具影响力马拉松赛事排行榜"TOP100 赛事，成都国际马拉松排在第 18 位。

截至 2020 年底，成都马拉松已经举办 4 届，参赛人数从 2017 年的 2 万人（其中全程马拉松 7000 人）增加到 2019 年的 3 万人（其中全程马拉松 15000 人）。2020 年成都马拉松取消了半程跑及欢乐跑赛事，所有参赛选手全部参加全程马拉松，总参赛人数为 1 万人②。

2. 场地路线

马拉松赛事对赛道的要求不高，只要是可通行的城市道路即可举办。2017 年成都国际马拉松采用双程折返路线，自中国西部国际博览城出发，至天府大道锦尚西一路路口折返，再回到中国西部国际博览城外。2018—2020 年成都马拉松赛事均采用单程路线，从富有历史文化底蕴的金沙遗址博物馆，到代表着朝气蓬勃新时代的世纪城新国际会展中心，途经著名地标环球中心、望江楼、九眼桥，此外还添加了天府广场、宽窄巷子、杜甫草堂、人民公园、青羊宫等著名的历史与现代景点，竭力为参赛者带来更好的体验。在赛道建设方面，成都马拉松的赛道经过不断调整与优化，已逐步完善，除了采取交通管制措施保障赛事正常进行外，还根据成都世界文创名城的特点进行了巧妙的设计，为赛事提供了强有力的保障。此外，成都马拉松赛事的举办对成都历史文化的传播与传承也起到了推动作用，加快了成都世界赛事名城的建设。

（二）经济遗产

1. 体育产业

马拉松赛事自身的魅力和强大的市场效应，吸引着国内外的赞助商，尤其是那些想在中国扎根的赞助商。2017 年东风日产携手成都国际马拉松赛登场，全国人民的目光齐聚成都，翘首以待一场奔跑盛会。这不仅是跑友的狂欢会，

---

① 韩晨：《成都马拉松赛事与城市体育文化耦合现象分析》，《当代体育科技》，2021 年第 28 期，第 17 页。

② 韩晨：《成都马拉松赛事与城市体育文化耦合现象分析》，《当代体育科技》，2021 年第 28 期，第 17 页。

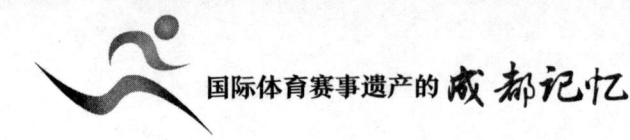

更是企业寻求机遇的展览会。在2017年和2018年举办马拉松的前后一周内，成都的餐饮、交通、酒店、旅游等行业都有较大提升。

随着马拉松及各类大型体育赛事的不断推广，体育产业已成为成都新的经济增长点。2017年以来，成都承办了50多项国际体育赛事和160多项国内高级别体育赛事，体现了成都近年来"以赛谋城"的城市发展新理念。据统计，2018年成都体育产业实现收入632.16亿元，较2017年增长了13.27%[①]。马拉松赛事对体育产业，特别是体育用品制造业有明显的拉动作用。体育产业的发展状况也是群众参与体育活动的重要指征，它构成了城市体育文化中物质文化层面的要素。此外，城市体育文化的发展也能够进一步促进体育产业的发展，为大型体育赛事提供一定的物质保障。

2. 文旅发展

自马拉松赛事审批政策修订以来，马拉松赛事呈现"井喷式"发展，成为提升经济增长、全民健康、旅游消费和城市等级的重要抓手。体育旅游可以为城市带来巨大的经济收入，"马拉松+旅游"已成为助燃城市经济的新动力。据统计，2018年我国马拉松及相关运动规模赛事年消费额达178亿元，带动总消费额达288亿元，年度产业总产出746亿元，比上一年增长了7%[②]。此外，成都马拉松与赞助商实行双联动，马拉松为赞助商提供宣传平台，赞助商为赛事提供资金支持，双向互动能提升城市品牌形象，增加城市知名度、美誉度。

（三）文化遗产

1. 体育文化

成都马拉松能增加体育人口，提升城市体育文化。马拉松赛事带给民众的不仅是一项赛事，更是一种坚持不懈的体育精神，在给人们带来健康理念的同时，也促进了体育的社会化和生活化。可以看出，随着社会经济水平的提高，参加马拉松赛事的人越来越多，全民健身意识也在逐渐增强，人们得到了良好的锻炼，实现了自身的运动价值，增加了参与马拉松运动的热情。

[①]《成都市体育产业呈现蓬勃发展态势》，http://tyj.sc.gov.cn/sctyj/tycy/2019/9/9/41199d24cb174b7595e650d92b5a65a8.shtml。

[②]《2018中国马拉松年度报告：马拉松及相关赛事1581场，年度总消费178亿》，https://www.sohu.com/a/300857534_99900941。

2. 人文建设

成都马拉松助力城市人文建设，增强了天府文化的自信。城市文化是在城市建设与发展中逐渐形成的，是城市中人们的城市理念、价值观的综合体。成都马拉松作为成都城市品牌的重要载体，兼具传统与现代的特点，体现了成都自由、开放、好客、休闲的城市精神，承载着天府文化的密码。马拉松路线的优化、比赛期间的系列活动、城市治理措施的逐步合理化是天府文化向外输出的重要基础。

（四）环境遗产

1. 基础设施

成都马拉松有助于改善城市基础设施。城市基础设施是城市赖以生存和发展的基本条件，是城市发展最直观的体现。成都"三城三都"世界文化名城的打造需要强有力的基础设施作支撑。为此，成都出台了多项政策来促进城市基础设施的改进。成都马拉松加快了城市绿化、交通、城市布局、健身步道等基础设施重建的速度。一方面在"三城三都"建设规划下，成都持续推动成都双流国际机场和成都天府国际机场的改造建设；加快国内外铁路、高速公路的规划和维护；建设特色乡镇；推动简州新城、龙泉山城市森林公园、淮州新城、简阳城区的建设，加快东向区域发展。另一方面，成都马拉松与成都天府绿道规划建设相互影响。2017 年，天府绿道开始筹建，秉持以"绿道＋创意构建公园城市形态、文体旅商农融合的绿色生活场景"的理念，推进美丽宜居公园城市的建设。

2. 生态环境

马拉松赛事影响着城市的生态环境，开发区建设体育场馆及其配套设施，从通信、公共服务、基建、商业、交通等方面改变城市原有空间形态，提升城市品牌和提高城市的综合实力。通过绿色体育、生态体育等手段，对城市的空间环境进行建设，并借此增强市民的环保意识，实现软环境的更新升级。

二、世界性运动会成都赛事遗产——世界警察和消防员运动会

2019 年 8 月 8 日，中国·成都第 18 届世界警察和消防员运动会在四川省成都市双流体育中心举行。世界警察和消防员运动会每两年举行一次，是一场以城市为申办主体、以世界各地警察和消防队员为参与者的大型综合性运动会，被称为"警察和消防队员奥运会"。这次运动会以"欢乐与荣耀"为主题，

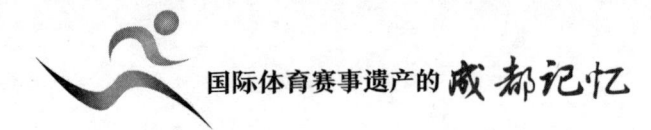

共设立 9 个比赛区和 56 个参赛项目，涉及各相关领域的专业赛事，如警察五项赛事、警犬比赛、皮划艇，以及实弹射击警用手枪、实战射击警用手枪、自创百米防火屏障等极具观赏性的项目。这是世界警察和消防员运动会首次在亚洲城市举行，同时也是成都有史以来举办的规模最大、国际化水平最高的综合体育赛事。

（一）体育遗产

1. 运动竞技

经过 10 天的激烈角逐，第 18 届世界警察与消防运动会共产出 3784 枚奖牌，其中金牌 1593 枚，银牌 1220 枚，铜牌 971 枚[①]。中国在金牌和奖牌数量上均居第一位。根据前几届的办赛经验，成都主会场和夏威夷副会场共设 60 个项目，其中成都主会场 56 个项目，涵盖 48 个常规体育项目、4 个警察和消防员专项体育项目，分布在 9 个比赛区的 34 个场馆。其中 7718 名运动员参加了 56 个项目。这次运动会包括龙舟赛、冰球、巴西柔术、拳击、乒乓球、篮球、足球、游泳、田径、高尔夫、橄榄球、射箭等，均按年龄分组进行。值得一提的是，世界警察协会还设立了实弹射击警用手枪、实战射击警用手枪、警察冬季两项和极限消防员等与警察和消防员业务相关的项目。这些专业赛事不仅给参赛者带来了挑战，也提升了参赛者的专业素质和竞争力。

2. 场馆设施

第 18 届世界警察和消防员运动会首次来到亚洲，来到东方，登陆中国，近万名警察和消防员相聚成都，同场竞技，共享欢乐与荣耀。为了办好第 18 届世界警察和消防员运动会，成都根据世界警察和消防员运动会每个比赛项目的特点，精心选择了比赛场地。第 18 届世界警察和消防员运动会成都主会场 56 个项目分别在天府、高新、金牛、武侯、温江、双流、金堂、龙泉驿、都江堰等 9 大赛区的 34 个场馆举行。

成都世纪城新国际会展中心是中国西部建筑规模最大、功能配套最完善、设施最先进的多功能会展中心。第 18 届世界警察和消防员运动会也有跆拳道、室内划艇、巴西柔术、冰球、排球等 12 个项目的比赛。一场精彩的拳击比赛离不开一个完美的赛场，这场运动会的拳击比赛设在五粮液成都金融城演艺中

---

① 颜雪：《再见！成都世警会荣耀闭幕，10 天诞生 3784 枚奖牌》，https://baijiahao.baidu.com/s?id=1642211147170583807。

心、灯光、音响等优良配置使观众在每一个位置都能清楚地看到拳台。环球中心场地举行此次运动会观赏性最强的项目之一——警用摩托车技能赛。都江堰安缇缦度假区举行山地自行车越野赛，赛道以安缇缦度假区上的天然小径为主，整个赛段海拔起伏逾80米，拥有20段梯田式环山路，5连发夹急弯，连续下坡阶梯，设有陡坡、连续斜坡、连续起伏路、急转弯等多个高难度路段，极大地提升了比赛观赏度。桂溪生态园位于环球中心旁，占地1400多亩，被称为成都版的"纽约中央公园"，第18届世界警察和消防员运动会在桂溪生态公园设置了山地自行车（障碍赛）、慢投垒球两个比赛。在成都版的"纽约中央公园"里面看比赛，穿越百花绽放的绿道，眼前的每个画面都是美丽的。双流区作为世界警察和消防员运动会的主要承办地之一，在双流体育中心举办了田径十项全能等8项赛事。金堂充分利用水城优势，高起点、高标准规划建设了具有国际一流水平的铁人三项赛事，并成功举办了多届铁人三项世界杯赛和中国龙舟公开赛等国际赛事。第18届世界警察和消防员运动会在金堂铁人三项赛事中心举办铁人三项、龙舟、公开水域游泳等7项赛事；网球项目选在西南地区最大的网球中心，中国第四个能承办国际ATP赛事的川投国际网球中心展开、乒乓球赛选在为国家培养了奥运冠军陈龙灿，世界冠军杨莹、邱贻可，亚洲冠军叶若廷，世界冠军朱雨玲，全运会亚军朱霖峰等运动员的成都市全国重点乒乓球运动学校举办。

（二）经济遗产

1. 体育产业

第18届世界警察和消防员运动会带动了许多产业的发展。例如，"智慧路灯"亮相双流街头，这是一种能安装充电桩、发布环境数据甚至满足市民露天上网需求、一键报警等多种功能的路灯。展会共设置5个室内展馆，200余家机构及企业参展。5~6号馆是警用装备馆，由市公安局承担展馆筹备工作，规划有高新科技、增强作战能力、暖警惠警、城市预警、反恐防暴、刑侦技术、无人机及反制系统、新型装备8个板块，集中展示智能预警平台、警用直升机、城市安防监控、警用特种车、重型装备等产品及技术服务。代表性参展商包括公安部第一研究所、公安部第三研究所、弘和集团、华为、顺丰等。

特别值得一提的是，来自四川本土的弘和集团作为参展的"川军力量"，不仅展出了"弘和人工智能交通违法图片处理平台""弘和人工智能识别预警平台""弘和AI迎宾访客考勤系统"等AI应用平台，还有一系列人工智能产品，如"考勤访客迎宾一体机"和"人工智能人证合一机"吸引了现场大量观

众驻足体验。"将传统监控网络升级为自动识别及时报警,小偷作案、3秒预警、1分钟完成公安联动抓捕,多样化模块,满足不同安防监控场景,秒速识别由应急处置向风险管控转型"等AI新优势,吸引了参展观众的关注,获得了中外来客的一致肯定。成都也将成为智能产品发展的暴风中心,借助世界警察和消防员运动会刮起的这一阵智能装备旋风,成都智慧产业的发展又将迎来新的契机。

2. 文旅发展

第18届世界警察与消防员运动会是成都有史以来举办的规模最大的综合性体育赛事和国际交流活动。这样规格的比赛,对于扩大城市的国际影响力、提升城市国际形象无疑具有非常积极的意义。第18届世界警察与消防运动会落地成都,无疑是因为这里突出的文旅资源优势和城市文化特色,而成都也必将给远道而来的客人们留下深刻的印象。

(三) 文化遗产

1. 体育文化

第18届比赛不仅为世界警察和消防队员之间搭建了友谊的桥梁,还为促进主办城市与世界之间多元体育文化的交流与合作提供了基础和机会。第18届世界警察与消防员运动会"快乐工作、幸福生活"的宗旨在这里得到了完美体现。这次世界警察与消防员运动会有一个运动员村,它是参赛国家的警察和消防员的休闲空间,也是会员交流互动的平台。这场运动会不仅是展示专业水平的竞争平台,也是各国文化交流的大舞台。各国警察服装各具特色,交换警徽、臂章等纪念品,合影自拍,成为现场最热的友谊破冰行动。

第18届世界警察与消防运动会面向五大洲的所有警察和消防队人员,他们聚集在一起,在同一场比赛中竞争,上演了一场速度和力量的比赛,共同组成了第18届世界警察和消防队员共同发展进步的新篇章。作为东道主的四川消防队奋勇拼博,现场喜讯频传。场下,他们准备充分,热情友好的接待不仅体现了东道国的友谊,也充分体现了中国消防救援队伍在新时期的优秀素质和作风。

2. 人文建设

虽然第18届世界警察和消防员运动会竞赛只有10天,但从申办成功到开幕的筹备工作长达6年。2013年8月,成都成功成为2019年第18届世界警察与消防员运动会的举办城市,有幸成为亚洲第一个成功申办这场运动会的城市。生动讲述中国故事、传播天府文化、体现"中国智慧"的文明盛会成为本次成都举办赛事的目标。超过 2000 个日夜的精心准备，在 19 个国家宣传推广，精心组织完善 9 个赛区，6000 名比赛志愿者岗前培训，数百个重点现场调查，只是为了展现一场"安全、精彩、成功、圆满"的国际赛事。

根据四川省委、省政府和世界警察与消防员运动会赛事筹备委员会的总体部署和安排，四川省消防救援总队负责建设消防赛事主战场，唱响中国消防主旋律，落实消防安全主体责任。成都市公安消防局负责承担四项专业消防活动，包括极限消防员、100 米防火屏障、召集和楼梯竞速。为此，四川省消防救援总队和成都市公安消防局高度重视，成立了消防赛事准备专班，全面推进从比赛场地改造到比赛装备组装建设的准备工作。当全世界的观众注视着这一历史性时刻时，仍有一些人在默默地工作。从准备到开幕，每一件工作都倾注着工作人员的汗水和心血。这些成功透露着成都体育人文建设的点点滴滴。

（四）环境遗产

1. 基础设施

大型运动会有一套成熟的规范和标准，如场馆（地）要具备什么条件、赛程如何科学合理设置、驻地和赛场的最佳距离、赛事交通如何不扰民、志愿者如何精准服务、城市如何提供优质便捷的国际化服务等。作为专业性运动会，第 18 届世界警察和消防员运动会还有诸如"极限消防员"项目这样精细而专业的要求：包含 2 部楼梯的塔楼、两条相邻赛道、足够宽阔的场地、大型停车场等。经过此届世界警察和消防员运动会的实战检验，成都满足赛事要求，并虚心学习体察，为今后举办更多国际性大赛积累了经验。

2. 生态环境

第 18 届世界警察和消防运动会带动了城市生态环境的提升。为全面做好世界警察和消防员运动会景观氛围营造工作，成都积极探索创新管理模式，多措并举，营造了精致靓丽的景观氛围。一是建立联动机制，合力保效果。为提升城市景观品质，采用"区、街办、平台公司"联动机制，对比赛场馆周边及主干道路进行拉网式排查，确保不留死角，消除缺株断带、脏乱差、支撑不规范等问题。同时，按属地化管理原则，由市、区、街办、平台公司分别对比赛场馆周边及主干道进行鲜花氛围营造，提亮城市色彩。二是严控景观效果，督促企业整改。认真排查比赛场馆及主干道绿地情况。三是完善长效管理机制。督促街办和绿化管护公司加强和完善长效管理机制，提高精细化管理标准，落

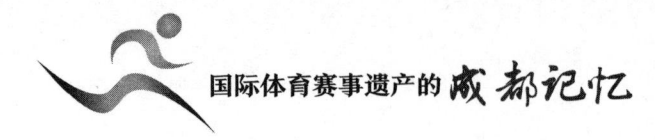

实督查制度,通过"绿化垃圾整治""补植补栽整治""园林设施整治"等专项活动,强化责任,细化分工,确保长效保持优美景观效果。

三、世界性运动会成都赛事遗产——成都铁人三项世界杯赛

铁人三项世界杯赛(ITU Triathlon World Cup)是国际铁人三项联盟举办的B级赛事,仅次于世锦赛,每年都会在世界各地举行。铁人三项世界杯赛的距离是奥运会标准距离(51.5公里):游泳1.5公里,自行车40公里,长跑10公里。

(一)体育遗产

1. 运动竞技

2018年成都金堂·港中旅铁人三项世界杯赛经国际铁人三项联盟和国家体育总局批准,由中国铁人三项协会和成都市人民政府共同主办,成都市体育局、成都市文化广电局、成都市旅游局、金堂县人民政府共同承办。2018年中国有两场铁人三项世界杯比赛。成都金堂·港中旅铁人三项队共有7名女子运动员进入决赛,最终仲梦颖以32分21秒的成绩名列第18[①]。本次铁人三项世界杯不仅学习了优秀代表队的经验,同时也有效促进了我国运动员的竞技水平。

2. 比赛设施

从2011年申办铁人三项赛事并建设赛场至今,金堂铁人三项运动事业已发展十余年,回顾一路走来的历程,从无到有,从有到优,从优到强,当初的河滩地已蜕变成美丽的铁人三项赛场,最初的国际C级赛事已升级为国际A级赛事。金堂也从铁人三项的初学者变成国际知名的"铁人三项黄金主办城市"。2011年9月,金堂委托专业规划设计机构,以承载国际A级赛事的标准,规划设计了占地1600亩,集游泳、骑车、跑步专业赛道、下穿隧道和功能区于一体的国际铁人三项运动赛场。短短3个月建成了专业、漂亮的铁人三项赛场。现在,这里已成为金堂重大国际国内赛事、文旅活动、教育培训的主要承接地。"成东中心 公园水城"的金堂必将成为铁人三项赛事的热土,为成都加快建设独具人文魅力的世界赛事名城添上浓墨重彩的一笔。

---

① 王向娜、文冰成:《成都金堂铁人三项世界杯结束 超短距离决赛更刺激》,https://baijiahao.baidu.com/s?id=1633472657946886797。

(二) 经济遗产

1. 体育产业

金堂位于成都东北部，全境位于成都"东进"核心区域，是成都经济社会发展的"第二主战场"。金堂正抢抓"东进"战略机遇，加快构建"淮州为核、三区联动"城市发展新格局，奋力建设成都东北部区域中心城市。从2011年结缘铁人三项，建设赛场、申办赛事，到首次办赛，从国内比赛到亚洲杯到世界杯，再到成功申请最高级别赛事世锦赛系列赛，成都金堂为全国的铁人三项比赛树立了标杆，也展示了铁人三项赛事与城市融合发展的典范。金堂被国家体育总局授予"中国体育旅游十佳目的地"称号，这是金堂的荣誉，也是铁人三项的荣耀。

当前金堂正围绕建设"城东中心　公园水城"总体目标，将体育赛事作为发展现代文旅产业的重中之重，打造赛事品牌、扩大赛事影响、发展赛事产业，努力将金堂打造为中国铁人三项运动中心。

2. 文旅发展

中国旅游集团在成都金堂投资建设旅游休闲景区，致力于为成都市民提供健康的生活方式。景区将围绕运动健身、温泉养生、生态休闲、四川文化四大主题，整合高科技、智能化、"互联网＋"、社区生态等要素，打造一系列产品，提升成都人的生活质量。通过举办各类赛事活动，把运动全民化、赛事休闲化，打造成都市民"四好"目的地和"体育＋温泉＋生态＋文化"、家庭式体育休闲度假，有效融合和延伸体育旅游度假，助力金堂"文化兴市、旅游兴市"的战略步伐。

(三) 文化遗产

1. 体育文化

在成都连续举行的铁人三项世界杯赛，正在践行"体育＋旅游＋文化"的融合发展模式。目前，成都金堂的赛事经验已成为其他地区举办铁人三项赛事的参考模板，金堂也成为西部地区铁人三项赛事中心。此外，金堂还积极探索以竞争为载体，以产业为导向，以综合发展为突破口，以赛场为基础的体育产业发展模式。如建成四川省首个300公里全国登山健身步道示范工程，连接全县主要旅游景点和人文景观，举办全国登山健身步道联赛。如今，这条赛道已成为各地游客放松锻炼、欣赏自然和人文景观的重要目的地。同时，金堂引进

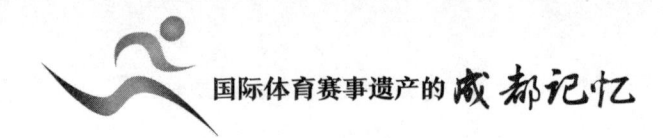

了成都通用航空产业园，发展文化、体育及旅游产业。

2. 人文建设

金堂充分利用全县优越的自然资源、便利的交通条件、深厚的群众基础、高效的组织能力等优势，自2011年起积极申报新兴的时尚铁人三项赛，得到上级单位大力支持。2012年和2013年，金堂连续两年举办国际铁人三项赛。2014年成都成为继北京之后，中国第二个举办铁人三项世界杯赛的城市，并且连续多届举办，成为中国举办铁人三项世界杯赛最多的城市。

成都对于铁人三项运动不懈的支持，也得到了国际铁人三项联盟的高度评价。赛事中心授予成都"国际铁联铁人三项世界杯黄金主办城市"称号。金堂是目前世界上唯一一个获此殊荣的城市。这些荣誉的背后倾注着成都对铁人三项人文建设的心血。

（四）环境遗产

1. 基础设施

金堂，一个和铁人三项密不可分的城市，为进一步增强"国际铁联铁人三项世界杯赛黄金主办城市"影响力，金堂将实施五大工程九项举措，打造西部铁人三项运动新高地，持续助力世界赛事名城建设。近几年，金堂铁人三项赛事的发展不断推动着城市基础设施的改善。金堂聘请国家一级美术雕塑家、四川省雕塑协会会长谭云为金堂铁人三项设计主题雕塑，充分展示金堂铁人三项魅力。将赛场自行车赛道和跑步赛道升级为彩色绿道，既让金堂在成都天府绿道顶级体育赛事中占有一席之地，也改善了铁人三项骑行摄像摄影效果。在铁人三项赛场安装建设配套设施，完善赛场功能。对赛场沿线进行风貌整治，提升赛场周边环境。对主会场、功能房进行提档升级，提升赛场品质，打造赛事休闲运动中心。

2. 生态环境

国际赛事的成功举办，背后是金堂突出绿色发展理念、打造地域特色的绿色经济探索。为加快构建"生态区、绿道、公园、小游园、微绿地"五级城市绿化体系，金堂全力推进天府绿道建设工作，加快形成"一轴、一山、两片、四廊、多点"的具有金堂地域特色的天府水城绿道体系。在绿道规划建设过程中，金堂还将依托县域独特山水人文资源和历史文化景观，按照"聚点成线、连线成片"的思路，加快打造一批精品绿道线路，竖立特有的绿道品牌。同时还计划积极培育发展"绿道经济"，依托已建成的绿道，通过大型节会活动，大力发展文化体育旅游产业，同步做好绿道周边地块的开发利用，在实现"以绿道经济供给绿道建设"良性发展模式的同时，带动绿道周边区域经济的良性快速发展。

第三章 国际赛事：体育文化的"脉络"

第一节 国际赛事场馆的城市地标

成都近年来持续在体育场馆建设上发力，各个区（市）县大多拥有了属于自己的代表性体育场馆，这些场馆支持成都承办了以世界警察和消防员运动会为代表的国际性赛事。随着第31届世界大学生夏季运动会的举办权花落成都，成都又新建和改扩建了一大批场馆。自"成都大运场馆惠民行动计划"实施以来，在持续一年的场馆惠民行动中，成都大运场馆共举办各级各类赛事活动、商业活动727项，各场馆对外开放惠及市民228.62万人次。各场馆对外开放时长累计7.63万个小时，吸引参与者307.40万人次[1]。体育场馆的建设是成都发展的重要事件，同时更是一种"城市酵母"，给成都带来了可感可知的能级飞跃和运动活力。让体育"绿"起来，让公园"动"起来，让城市"活"起来，如同按下"加速键"一般，成都大力推动群众体育事业蓬勃发展，全力推进体育基础设施提档升级，体育的活力激发着城市潜在的发展。

一、高新区国际赛事场馆地标——成都高新区体育中心

成都高新区体育中心（如图3-1所示）位于高新区中和片区，中和一线北侧，成仁快速路西侧，是高新区体育产业新引擎，也是成都文体旅商综合体新地标。成都高新区体育中心总建筑面积达20.16万平方米，由多功能体育馆、全民健身馆、服务中心等部分组成。市民可以在此健身、游泳、购物，享受"一站式"体育文化服务。成都高新区体育中心项目建筑造型设计灵感来源

---

[1] 《成都大运会场馆将免费或低收费向市民有序开放》，https://sc.chinadaily.com.cn/a/202206/05/WS629c135da3101c3ee7ad8e53.html。

于中国四大名锦之一的蜀锦，抽象而流畅的形体，疏密错落、舒缓灵动的建筑肌理，在呼应地方传统特色的同时也演绎出独特、流畅的现代建筑美学。

图 3—1　成都高新区体育中心多功能体育馆外景图

图片来源：《内部实景！成都高新区体育中心来了！》，https://zhuanlan.zhihu.com/p/341499936。

作为成都高新区体育中心项目的核心主体建筑，多功能体育馆占地面积约 8.3 万平方米，可容纳观众 12000 余名，为大型甲级体育馆。第 31 届世界大学生夏季运动会期间，它将作为大运会乒乓球赛事场馆，为市民提供精彩的观赛体验。成都高新区体育中心多功能体育馆是四川省第一个按 NBA 标准建造的体育馆，可根据需求在 24 小时内完成制冰并转换为冰场，能够满足 NBA 季前赛、排球、体操、短道速滑等众多国内外比赛要求，还具备文艺表演、会议会展等功能，可谓名副其实的多功能体育馆，这对后期提高场馆使用率和运营效益意义重大。成都高新区体育中心不但是成都大运会乒乓球比赛场馆，也是 2022 年世界乒乓球赛的比赛场馆，显示了这座场馆与国球的缘分。

二、金牛区国际赛事场馆地标——成都城北体育馆

成都城北体育馆（如图 3-2 所示）是成都乃至四川第一个综合性体育馆。成都城北体育馆建成后举办过多次大型赛事和文艺演出，承载了无数成都人难忘的记忆。随着社会发展，成都城北体育馆一度成为电子市场，失去了大部分体育功能。2016 年，成都城北体育馆开始全面改建，还馆于民，重新恢复了作为体育馆的真正功能。2019 年 10 月，成都市人民政府公布的《成都市第十五批历史建筑保护名录》中，成都城北体育馆成为唯一入围的体育场馆。如

今，外立面呈现橘红色的成都城北体育馆全部按国际A级标准改建完成，拥有一流的硬件设施和配套条件，是一个高度现代化的综合性体育馆，充满了现代气息。成都城北体育馆位于成都市花圃北路9号，占地近28亩，体育场馆建筑面积达2万余平方米，原有篮球馆、太极拳馆、五人制足球场等体育设施，可组织承办单位团体综合性运动会，并对市民开放。在对该馆进行大运会场馆和配套设施改建工程后，主馆可容纳观众近4000人，在第31届世界大学生夏季运动会武术项目比赛后，可承办各级国际、国内体育赛事，中小型商演、会展等，并满足群众健身需求。

图3-2 成都城北体育馆外景图

图片来源：《成都城北体育馆整体改建，4000个坐席年内全新亮相》，https://zhuanlan.zhihu.com/p/107808374。

成都城北体育馆先后向各级优秀运动队培养和输送了奥运冠军陈静、世界冠军周竞等众多优秀体育人才，2006年被四川省体育局评为"四川省高水平体育后备人才基地"，2007年被国家体育总局评为"全国排球高水平后备人才培训基地"，2014年被总局社会体育指导中心授予全国体育舞蹈项目推广贡献奖，2017年被国家体育总局评为"2013—2016年度全国群众体育先进单位"，2019年被世界体育舞蹈联合会授予"世界体育舞蹈卓越贡献奖"。

近年来，成都城北体育馆积极发掘武术、排球、跆拳道、体育舞蹈各协会潜力，在全成都的重大体育系列活动中扮演着重要角色，粗略估算四个项目各种活动为10万余人提供了就业机会，所涉及的服装、培训、赛事、交通、旅游、餐饮等周边产业产值规模超过50亿元。每年"排球活动月""广场活动健身活动月"系列活动，组织参与活动的群众人数超45万人；在成都市体育局牵头的"运动成都"系列活动中作为生力军，全年举办各级赛事、活动高达55次以上；在成都"太极蓉城"惠民健身系列活动中，充当主力军，承担了所有赛事、展示活动工作，成都的太极人口从最初的20万猛增到现在的240万；承办了"世界太极拳精英赛""第一届世界太极拳锦标赛""世界体育舞蹈节"等多项国际A级赛事，为让体育成为成都的名片，做出了重大贡献。

三、新都区国际赛事场馆地标——新都香城体育中心

新都香城体育中心（如图3-3所示）是为迎接成都大运会而兴建的场馆中第一个竣工的新建场馆，这里将作为第31届世界大学生夏季运动会女子水球项目比赛场地以及篮球项目训练场地。场馆设计采取碧水清莲的规划概念、万卷诗书的造型意象，景观的线条如水波，合建的两馆就像水面上舒展的莲叶，两馆之间中庭漏斗状的采光井更像莲叶中央的水滴。建筑造型取意书香，立面层层叠叠的外装饰遮阳板，如同徐徐展开的万卷诗书。作为区级体育中心，场馆在设计之初的定位即是兼顾赛事活动与全民健身。新都香城体育中心主要包括体育馆、游泳馆、全民健身馆、全民健身用房及配套用房。这里也将为周边群众提供宽敞的运动场所，可承办篮球、游泳、电竞等赛事。

图3-3 新都香城体育中心外景

图片来源：《成都大运会第一个竣工的新建场馆，获设计大奖的新都香城体育中心6月底全面竣工！》，https://zhuanlan.zhihu.com/p/146721442。

新都香城体育中心体育馆占地面积1.97万平方米，建筑高度30.1米，拥有3000个固定座位、500个活动座位。全民健身馆及全民健身房占地面积7700平方米。游泳馆占地面积1.1万平方米，建筑高度23.9米，设看台共1500座，内设长50米、宽25米的10道标准赛池和长50米、宽12.5米的5道训练池，配备了LED大屏、灯光、音响、座椅，被列为成都重点体育场馆

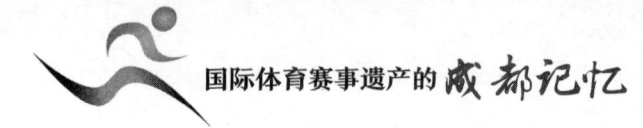

项目①。

四、简阳市国际赛事场馆地标——简阳市文化体育中心

简阳市文化体育中心（如图3-4所示）包含设有4500座的多功能体育馆、设有3000座的游泳跳水馆、全民健身中心、青少年活动中心及广电中心。跳水馆建筑面积3万平方米，流畅飘逸的建筑造型犹如凤凰展翅，获得中国建筑钢结构行业工程质量的最高荣誉奖"钢结构金奖"。该场馆最大的亮点是灰白相间的跳台，它是全国唯一一座多折面异形跳台，采用了目前国内最先进的清水混凝土一次性浇筑技术，这种技术的优势在于建筑成型后不需要任何外部装饰，结构主体直接呈现出混凝土本身的肌理、质感，既环保又节约建设成本。

图3-4 简阳市文化体育中心

图片来源：《全国唯一！简阳这个体育馆惊艳亮相》，https://www.163.com/dy/article/GB8OF4J705149VAH.html。

"谋赛"就是"营城"，"营城"就是"惠民"。承办大型赛事有利于带动城市基础设施改善、功能品质完善和城市形象提升，有利于优化产业结构、提高服务能级、促进城市消费，有利于拉动城市向着高质量发展的目标迈进。近年来，简阳深入开展公园城市示范场景营造、社区环境品质提升、城市公共服务提升、社区治理、城市文明素质提升等城市共建共治共享行动，努力实现办赛与营城相得益彰，共治与共享同频共振，进一步提升城市功能、社区品质、城

---

① 《成都大运会第一个竣工的新建场馆，获设计大奖的新都香城体育中心6月底全面竣工！》，https://www.163.com/dy/article/FEQDUNU10525CJAN.html。

市形象及对外影响力，全面提高城市规划建设管理水平，借势借力促进城市提能、产业升级，持续增强市民的获得感、认同感、幸福感。成都大运会跳水和柔道两项赛事将在简阳市文化体育中心举行。大型赛事是简阳迈向世界、世界认识简阳的重要窗口。"简阳，不简单"，简阳可充分发挥赛事资源的引爆效应、集聚效应、乘数效应，全面提升城市综合竞争能力和社区生活品质，奋力以"谋赛"为契机凝聚建设成都东部区域中心城市的强大合力。

五、双流区国际赛事场馆地标——双流体育中心

建成于2008年7月的双流体育中心（如图3-5所示）坐落于成都市双流区白河路延伸段，是双流区的重要标志性建筑，配套设施齐全，功能多样。双流体育中心总占地面积234亩，总建筑面积37495平方米（其中体育场22869平方米，体育馆、训练馆及游泳池14626平方米，地下建筑面积706平方米），绿化面积达53.3%[①]。双流体育中心是一座集体育场、体育馆、训练馆、游泳池、训练场、网球场、篮球场、排球场为一体，设施、设备较完备的多功能现代化体育场馆，可承办地区性和全国单项比赛，以及各种大型文艺演出、商业、物质交流等活动。

图3-5 双流体育中心

图片来源：《体育场馆型体育服务综合体——成都双流体育中心》，https://www.sohu.com/a/482340502_121119649。

双流体育中心场馆可容纳3400名观众，场地面积1305平方米（长45米，宽29米），空间高13米，有两个50平方米的电子显示屏，全中央空调，3000

[①] 《双流体育中心》，https://baike.so.com/doc/6461807-6675495.html。

个中空吹塑座椅和一个活动看台，200多平方米的新闻发布会厅，运动员、教练员休息室。训练场1764平方米（长49米，宽36米），空间高度13米，全中央空调，可承接室内足球、排球、篮球、乒乓球、羽毛球、武术等训练和比赛，尤其是锦标赛型比赛。游泳池大小为21米×50米，设有2.2米至2.4米深的标准游泳池、儿童游泳池、儿童水上游乐区，有可容纳2000名观众的看台和比赛高级专用广播系统。706平方米的地下室配备了先进的水处理、消防、喷灌系统等设备，可承接省市级游泳比赛①。

六、武侯区国际赛事场馆地标——四川省体育馆

四川省体育馆（如图3-6所示）位于成都市武侯区人民南路四段8号，占地面积42300平方米，总建筑面积约2.85万平方米，场地尺寸54米×31米，场地净高14米②。成都大运会期间这里将作为篮球比赛、热身场馆。

图3-6 四川省体育馆

图片来源：https://baike.baidu.com/item/%E5%9B%9B%E5%B7%9D%E7%9C%81%E4%BD%93%E8%82%B2%E9%A6%86/2921819。

四川省体育馆先后成功举办过国内外篮球、排球、网球、羽毛球等体育赛事和大型剧场演出、政务活动、商务展览、大型集会、推介会等活动，为全民健身活动提供场所；并成功举办了第十二届中国西部国际博览会开幕式、第七届全运会四川赛区开幕式、美国哈林花式篮球邀请赛、松下国际乒乓球大奖

---

① 《双流体育中心》，https://baike.so.com/doc/6461807-6675495.html。
② 《四川省体育馆》，https://baike.baidu.com/item/%E5%9B%9B%E5%B7%9D%E7%9C%81%E4%BD%93%E8%82%B2%E9%A6%86/2921819。

赛、世界女排大奖赛、四川省庆祝中华人民共和国成立50周年等大型活动。体育馆组建了体育活动指导组，对健身人群进行规范管理和引导，馆内羽毛球场、乒乓球场对外开放。现在，每天都有上千人来馆健身，社会效益良好。

七、新津区国际赛事场馆地标——四川省水上运动学校

四川省水上运动学校（如图3-7所示）建校已有30多年，地址位于成都市新津区，其赛道规格为2350米×150米①。四川省水上运动学校的赛道符合国际赛联A级标准，具备承办大型赛事的能力，成都大运会期间这里将作为赛艇比赛、热身、训练场馆。作为南部区域唯一的旅游（运动）产业功能区，梨花溪文化旅游区围绕文化创意和山水运动两大产业，构建产业生态圈，营造微观生态链，着力生态、土地、文化等价值转化提升，全力塑造品牌赛事聚集、时尚文创汇集、龙头企业富集、精英人才云集的赛事胜地、文创高地和旅游红地。

图3-7 四川省水上运动学校

图片来源：https://baike.baidu.com/item/%E5%9B%9B%E5%B7%9D%E7%9C%81%E6%B0%B4%E4%B8%8A%E8%BF%90%E5%8A%A8%E5%AD%A6%E6%A0%A1。

作为第31届世界大学生夏季运动会赛艇项目比赛场地，四川省水上运动学校于2020年9月进行提升改造，经过5个月的改造，学校新建赛事中心、阿尔巴诺系统，新购置起航系统，新安装自动计时系统，还铺设电缆和光缆

---

① 雷捷：《四川省水上运动学校提升改造项目奠基 将举办大运会赛艇比赛》，https://sichuan.scol.com.cn/ggxw/202009/57898111.html。

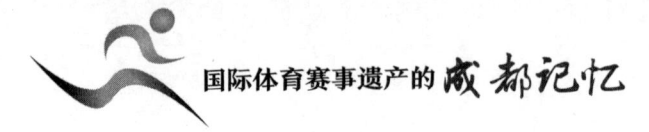

5000 余米，通电通网，可以自动分段计时，赛事全程转播，具备举办大赛的条件。

第二节　赛事助推城市环境的提升

随着我国综合国力的日益增强，党和政府愈益高度重视体育事业，使我国体育事业不断开创新局面，加快把我国建设成为体育强国。自 2021 年下半年以来，国家出台《关于构建更高水平的全民健身公共服务体系的意见》等多个纲领性文件，进一步强化新时代中国体育工作顶层设计，为实现体育强国梦提供了根本遵循。

为贯彻落实习近平总书记对四川及成都工作系列重要指示精神和关于体育工作的重要论述，近年来，成都市财政局积极配合成都市体育局践行"办赛""营城""兴业""惠民"总体方针，建设"运动成都"，着力提升国际体育赛事承载和承办能力，增强成都体育的国际影响力和全球竞争力，打造带动全国高质量发展的重要增长极和新的动力源，有力推动赛事项目、竞技体育、群众体育、场馆建设等全面协调发展。

赛事服务城市发展，为筹备赛事而投资建设的文化体育场馆等公共设施，配合赛事活动改造的城市环境工程，以及进行城市环境综合治理和城市景观亮化的工程，共同构成了城市特色空间氛围，必将对赛后城市综合环境产生持久影响。总体而言，赛事景观遗产对城市环境提升的价值主要体现在城市硬环境、城市文化环境等方面。

一、美学价值：对城市硬环境的影响

（一）天府绿道

天府绿道总体规划提出，以区域级、城区级、社区级三级绿道体系，共同织就全球规划设计最长的 16930 公里绿道系统[①]，到 2040 年，市域绿道体系将全面成网。成都将根据城乡建设用地情况，规划构建城市三级慢行系统，以"可进入、可参与、景观化、景区化"的规划理念，以人民为中心、以绿道为

---

① 袁弘：《成都：规划建设世界最长绿道系统　不断密织成网》，https://sichuan.scol.com.cn/cddt/201908/57036192.html。

主线、以生态为本底、以田园为基调、以文化为特色，全域规划形成"一轴两山三环七道"的区域级绿道1920公里、城区级绿道5000公里以上、社区级绿道10000公里以上①。

根据计划，2020年已完成"一轴两环"主干绿道，2025年将初步构建绿道体系，2040年全面建成，以实现生态保障、慢行交通、休闲旅游、城乡融合、文化创意、体育运动、农业景观、应急避难等多种功能。除此之外，沿天府绿道，成都还将建设生态绿地，串联生态区、绿带，形成生态区、绿道、公园、小游园、微绿地的五级城市绿化体系，构建完整绿色空间。

（二）社区运动角

实施"幸福美好生活十大工程"，2021年初成都启动"社区运动角"建设专项工作，全年共打造77处项目，不仅形式多样，便捷可达，设施配置也很丰富（如图3-8所示）。

图3-8 盛华社区运动角

图片来源：《来成都高新这些社区运动角，打卡美好生活！》，https://view.inews.qq.com/k/20220605A01XQX00?web_channel=wap&openApp=false。

在高新区盛华社区运动角，除了有两片色彩感十足的篮球场，还布置了乒乓球桌、冰壶球桌、排球场地，就连国外流行的飞镖场在这里也能看到，谁说社区不能有"国际范儿"，老中青三代人的运动项目一应俱全。

与高新区盛华社区运动角不同，位于一环路北四段的金牛区工人村社区运

---

① 程文雯：《天府绿道设计方案出炉！2040年全成都都是绿！绿！绿！》，https://sichuan.scol.com.cn/ggxw/201709/55982951.html。

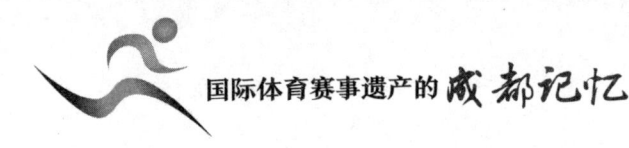

动角，虽然只有3400平方米，却展现出极大的功能性，配置了3个篮球场、4个羽毛球场和2张乒乓球桌，还有一个小型跑道。每周一至周五这里都向居民免费开放，年轻人打球，娃娃在跑道上奔跑竞速，老年人在场边抖空竹、打太极拳，各得其乐，构成一幅全龄友好的城市健身场景。

在成都，社区运动角并不只是主城区独有，区（市）县的新旧社区同样在发生着变化。新都区博钰社区运动角摆放了18张乒乓球桌，一眼望去蔚为壮观，成为主题最鲜明的社区运动角。双流区双华社区运动角则将长期闲置的小绿地建成了包括篮球场、乒乓球桌、羽毛球场、全民健身路径、儿童游乐设施在内的社区运动广场。

截至2021年12月底，成都各区（市）县共打造了77处形式多样、种类丰富"社区运动角"项目，新建、提升改造体育场地总规模达38万平方米，总投资超过1.2亿元。成都还评选出2021年"社区运动角"市级示范项目，10个社区运动角获得一等奖[①]。获奖运动角包括：高新区盛华社区运动角、金牛区工人村运动角、成华区府青运动空间、锦江区国槐社区运动角、青白江区新峰社区运动角、新都区军屯新民社区运动角、郫都区犀和社区运动角、邛崃市联丰社区运动角、彭州市朝阳中路社区运动角、大邑县路通运动角。

建设社区运动角离不开2020年以来国家相继发布的《关于加强全民健身场地设施建设发展群众体育的意见》《"十四五"时期全民健身设施补短板工程实施方案》《关于构建更高水平的全民健身公共服务体系的意见》等文件的倡导。2022年两会期间，李克强总理在政府工作报告中也阐明"建设群众身边的体育场地设施"将是体育重点工作。

下一步，成都还将大力实施全民健身场地设施补短板工程，进一步完善构建"市—区（县）—社区""赛事、竞技、群众"三级三类公共体育设施体系，形成以社区级公共体育设施为主，体育公园和天府绿道健身新空间为特色，充分利用城市"剩余空间""金角银边"建设社区运动角等为补充，加大学校等存量运动场地设施开放共享为支撑的成都市家门口运动空间体系。按照计划，2022年成都新增社区运动角100个、天府绿道健身空间200处、符合国家标准的大型体育公园5个，同时，加快编制《成都市公共体育设施布局专项规划》和《成都市全民健身场地设施补短板行动计划》，细化体育公园、社区运动角、天府绿道体育设施的建设使用方案。

---

① 蒲团、裴晗：《成都人的美好幸福生活，从社区运动角开始》，https://www.163.com/dy/article/H5Q6HGAF0514D0KP.html。

二、文化与经济价值：对城市文化环境的影响

赛事景观遗产既包括直接服务于城市文化体育活动的社会性基础设施，也包括文化赋能的城市公共设施。它们既在赛时展示着地域文化特色，也在赛后作为城市特色文化景观，为城市留下丰富的文体活动资源，是向大众展示体育魅力的一种长期有效的手段，能够充分激发人们从事体育活动的热情，极大地推动大众文体事业的发展。2019年武汉第七届世界军人运动会按照节俭办赛和惠民理念，尽量充分利用现有场馆设施进行维修改造，赛后调整场馆功能，加大资源整合和政策支持力度，一方面通过市场化运作将部分场馆资源低价或免费面向社会开放；另一方面，借助丰富完善的军运场馆遗产，发动社会力量，积极申办、承办国际国内高水平赛事，举办各类商业和全民健身赛事，满足人民群众多样化的文体活动需求。第七届世界军人运动会后，越来越多的市民受到赛事运动气息的感染，奔赴日常生活区周边的体育场馆，观摩各类体育赛事，开展多样化的健身锻炼，极大地活跃了城市的体育氛围。

为支持民生工程顺利开展，各级财政积极调整支出结构，严格落实配套资金，积极支持凤凰山体育公园、成都市猛追湾游泳场、双流体育中心等18个比赛场地建设，对外免费或低收费开放，大大提升了周边居民的运动体验感。2021年全市各区（市）县共打造"天府绿道健身新空间"203处，已建成的4700余公里天府绿道中累计植入体育设施1500处[1]。

《成都市"十四五"世界赛事名城建设规划》提出，到2025年，成都将建成世界赛事名城，每年举办国际和全国赛事达50项以上，体育赛事对相关产业的拉动效应超过300亿元。

赛事经济作为一种流量经济，将体育的活力深度融入城市发展的血脉。2019年Sportcal发布的全球赛事影响力城市榜单中，成都由第89位大幅跃升至第28位，跻身中国前三。2020年11月6日，《中国城市海外影响力分析报告》发布，在国际体育赛事指数上，成都排名全国第二，仅次于北京，成为助推成都海外影响力提升的重要因素。

---

[1] 王嘉：《坚持培根铸魂 持续提升城市文化软实力》，http://cddrc.chengdu.gov.cn/cdfgw/fzggdt/2022-04/24/content_37130e190ddb438cb2937e3dcaccb9a1.shtml。

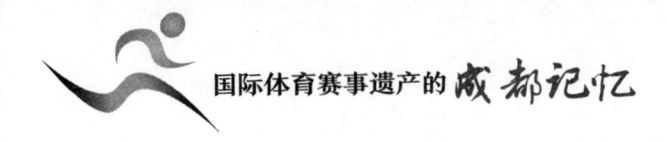

三、促进文旅消费升级，优化城市文化环境氛围

（一）依托赛事景观发展现代体育文化产业集群，打造赛事旅游品牌

1. 新潮运动在成都生根发芽

飞盘、马术、皮划艇、击剑……在成都，这些新潮运动的俱乐部越来越多，它们拓宽了人们的生活半径，成为连接人与人、人与城市、人与自然的纽带，也展现了这座城市以运动为底色的生命力。

飞盘是很好的团队运动，能给人创造一个舒适的社交距离，加之男女同场竞技的规则，能让女孩在运动中得到更多的重视和鼓励。近年来，这项氛围友好又不乏竞技感的新潮运动正被越来越多的成都人接受。

随着运动的深入，一些运动爱好者逐渐"进阶"，于是一些专业的运动俱乐部应需而生，如马术俱乐部、皮划艇俱乐部、击剑俱乐部等。

皮划艇运动的趣味性强，其游览、娱乐、教育功能吸引了越来越多的成都家庭。

这些新潮运动俱乐部将少年成长、亲子教育和富有趣味的运动结合在一起，激活了青少年的体育活力，也激励着更多青少年走向专业赛场。

2021年5月，"相约幸福成都"系列赛事陆续开赛，其中就有击剑项目。顶级"剑客"纷纷汇集蓉城，点燃了成都击剑运动的热情。从数据上看，成都击剑俱乐部的数量不断攀升，招收的学员也越来越多，吸引了许多青少年的加入。

随着第31届世界大学生夏季运动会的临近，成都的运动氛围日益高涨，击剑运动公开赛也在逐一开展。主办方也会选择成都新建体育馆或是城市运动公园作为比赛场地，让成都的新潮运动延伸到这个城市新生的"绿脉"中。

近几年，成都的综合性体育馆、运动公园的建设速度非常快，这些新建的运动场所为新潮运动提供了全新的载体。2020年卓越剑手击剑公开赛第二站在武侯区天府芙蓉园正式开赛。此次公开赛的参赛选手是来自全市各击剑俱乐部的青少年击剑爱好者。他们在芙蓉花盛开的绿道上，以剑会友，展开激烈角逐。

除天府芙蓉园之外，成都锐诺金泉运动公园也是综合性运动公园，新建场馆为击剑提供了专业的培训场地。2021年12月的成都市青少年击剑锦标赛就在此举办。比赛现场一条条银色的剑道有序铺开，来自成都各个俱乐部的选手身着专业击剑服，头戴护面，手持长剑，完成一次次精准的刺击和防守。

2. 电子竞技产业发展如火如荼

通过举办顶级赛事、发展顶级职业俱乐部，为城市注入流量、集聚人气，成都致力于打造"电竞文化之都"。熟悉成都电竞发展史的人都知道，AG是一支创立于成都、扎根于成都的队伍，是一家巴蜀地域文化特质突出、极具代表性的电竞俱乐部。在很多年轻玩家眼中，AG就是成都乃至中国西部电竞的代表。AG电竞俱乐部最早在1999年成立，2001年在WCG上获得了中国电竞史上首枚金牌，后于2009年成为职业电竞俱乐部。

城市和电竞赛事内容相结合，实现地域绑定，是目前电竞发展的主流趋势，也是电竞"破圈"的重要途径。作为一家生于成都、长于成都的电竞俱乐部，AG电竞俱乐部早在2019年就开始与成都相关部门接洽，探讨俱乐部落地成都主场的可能性。2021年9月8日，该俱乐部旗下王者荣耀战队已率先完成地域化冠名，确定成都为主场城市。现在，成都AG和平精英战队正式成为第二支以成都为主场的电竞战队。成都AG和平精英战队成立于2018年3月，是首批进入PEL赛事的战队之一。战队先后获得了"2018年PMSC全球总决赛亚军""2020年PEL S1赛季总冠军"，两次获得PEL"年度最受欢迎俱乐部"等荣誉，在圈内有着相当数量的"粉丝"和影响力。

成都AG和平精英战队选择落户成都，是看中了成都良好的电竞文化土壤和政府大力度扶持。在《2020年度全国电竞城市发展指数评估报告》中，成都在电竞城市发展指数综合排名和电竞城市发展指数"政策环境"中排名第4，仅次于北上广。目前，成都正致力于打造"电竞文化之都"，建设世界赛事名城，战队落户成都是俱乐部和城市实现双向赋能的一个具体体现。以城市扩大电竞影响力，以电竞推动城市产业升级，下一步成都AG和平精英战队将重点围绕"电竞+"的创新理念，共筑成都"电竞+"优质生态圈。比如计划在成都举办城市赛事，确定主题场馆，通过"线上+线下"赛事的结合活跃成都本土电竞氛围；推出一批自己的电竞城市文创产品，将战队精神和城市文化内核相融，共创电竞城市的文化新名片；同时，以优质赛事内容增加城市吸引力和关注度，打造文旅新IP等。

《成都关于推动"电竞+"产业发展相关情况的报告》显示，成都已将电竞体育纳入《世界赛事名城建设纲要》《成都市"十四五"世界赛事名城建设规划》，进一步优化"电竞+"产业发展的方向与路径，对电竞赛事、电竞职业俱乐部、电竞产品研发等产业发展关键环节予以专项资金支持。未来，成都还将继续强化项目招引，加强与人民电竞、哔哩哔哩等行业知名企业对接，加

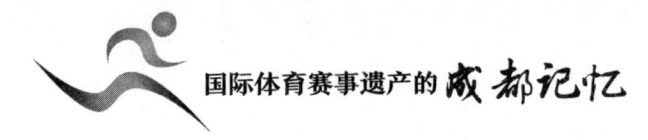

大对电竞赛事与产业项目的招引力度。

3. 成都棋文化

中国传统的棋类游戏，在古人的休闲娱乐活动中具有崇高地位，蕴含着中国人几千年的文化积淀和生活趣味。下棋，是成都人重要的休闲娱乐方式之一，无论是在公园或是锦江边，一杯茶、一盘棋，就可以过一整天。围观的群众在旁边环臂观棋，这样情景在成都屡见不鲜。全球象棋双人赛是世界象棋联合会主办的中外双人"同下一局棋"的创新赛事。受疫情影响，2020年全球象棋双人赛暂停举办，2021年成都推出"线上+线下"联动办赛模式。2022年11月19日，第五届"一带一路"全球象棋双人赛在四川成都开赛，来自全球12个国家和地区的32名棋手参赛，其中包括郑惟桐、赵鑫鑫、蒋川等特级大师。

风行两千余年的棋类运动铸造着成都的气质。旅居成都的杜甫、欧阳炯、韦庄、苏轼、陆游无一不嗜棋。浣花溪畔，草庐之外，诗圣一边感慨"安得广厦千万间"，一边"老妻画纸为棋局"。而后蜀花蕊夫人也是"日高房里学围棋，等候官家未出时"。

成都体育学院博物馆珍藏着一套极为珍贵的汉代围棋文物，包括21颗黑子、4颗白子，均装在一个束口陶罐内。两千多年来，成都人爱棋下棋，痴心不改。士大夫下，市井人家也下。据宋代王应麟《玉海》记载：诸葛亮当年在成都驻军的地方就叫棋盘市。现在成都仍有不少地方以棋盘为名，如彭州的棋盘村、都江堰的棋盘社区……时光匆匆，岁月在历史的变革中悄然流逝，不变的是成都人对棋的喜爱。围棋、象棋……在地上划个框，也能来一番纵横捭阖、你争我夺。晚清，都江堰知县邓元惠创办"成都围棋俱乐部"，1929年围棋爱好者在少城公园（现人民公园）成立了"成都围棋社"。新中国成立后，棋类运动在成都越加繁盛。20世纪60年代，青年陈祖德一行国手到成都，看着茶馆、街边满是下棋的人，脱口而出一句"全民下棋，真是一个棋城"，至此"棋城"之美名传扬天下。而后，蓉城棋界人才辈出，围棋有黄德勋、孔祥明、宋雪林、王元、郑弘等，象棋有蒋全胜、林野、李艾东、黎德玲等，国际象棋有刘适兰、赵兰等。

成都不仅以"棋城"之名享誉海内外，近年来也成了许多高规格的棋牌类赛事的举办地，这些大赛让成都新添了一道又一道的文化风景线。2021年10月30日，为期3天的第三届中日韩聂卫平杯围棋大师赛在成都杜甫草堂正式开赛，这也是"聂卫平杯"第三次在成都举办，汇聚中日韩三国围棋精英代表的对决，让成都再度成为世界围棋爱好者关注的中心。

成都人爱下棋、爱看棋、爱谈棋，从幼童到老人，从街头巷尾到茶馆公园随处可见下棋的人。据了解，目前成都市常年下棋的人已达百万之众，围棋、象棋、国际象棋、跳棋、五子棋无一不有广泛的群众基础。一场场棋牌赛事，一次次棋局对战，还有一堂堂座无虚席的棋牌讲座，都让成都这座"棋城"的棋文化更加浓厚。

（二）优化体育消费环境，构建文商旅体融合发展的业态布局

随着社会的进步，大众体育得到进一步的发展，大众体育消费层次也从实物性消费上升为精神性消费，参观体育赛事表演、学习运动技能等体育服务性消费逐年攀升。国家"十四五"规划明确指出，要发展服务消费，推动文旅体育等消费提质扩容，加快线上线下融合发展。为更好地满足人民群众不断提升的休闲文化生活新需求，建议以体育赛事为契机，延长赛事服务产业链，依托城市文化特色与赛事景观遗产，打造城市公园、冰雪运动、工厂文创、户外营地、全民健身、美丽乡村、旅游景区、商业中心、训练基地等体育消费新场景，发展凸显科技优势的文创科技、文体展演、泛娱乐等各类业态，建设具有文化体验消费、健身休闲娱乐复合功能的体育文化空间，推动文商旅体跨界融合，活跃城市文体娱乐氛围，赋予区域经济发展新动能。

近年来，成都坚持"谋赛""营城""兴业""惠民"理念，以满足人民幸福美好生活体育需要为统领，全面实施体育场馆设施补短板、品牌赛事引进培育、职业体育繁荣振兴、休闲运动产业发展、体育人才培养等五大工程，持续推动体育消费机制创新、政策创新、模式创新、产品创新，成功入选国家体育消费试点城市。

成都市体育局发布的《2021年成都市居民体育消费调查报告》指出，从整体上看，成都居民体育消费规模和消费水平稳步提升。经调查统计测算，2021年，成都体育消费总规模达到533.7亿元，较2020年同比增长10.9%。居民人均体育消费支出2518.6元，较2020年同比增长9.6%；居民人均体育消费支出占居民人均消费性支出比重达8.8%[1]。而居民对成都的体育消费氛围、体育消费行业（商家）服务水平和服务态度等评价也较高。在该报告中，成都居民体育消费满意度综合得分为80.35分，处于"比较满意"的水平。从全国来看，成都人均体育消费在深圳、苏州、青岛等40个国家体育消费试点城市中处于较高水平。

---

[1] 《成都发布2021年成都市居民体育消费调查报告》，http://www.sportsmoney.cn/article/110336.html。

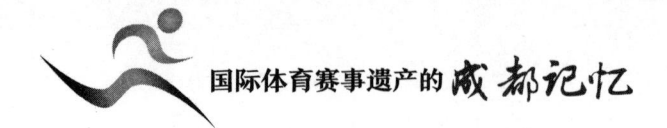

下一步，成都市体育局将以举办大运会为契机，以争创国家体育消费示范城市为目标，以中国（成都）生活体育大会、成都体育资源交易平台等为主要抓手，推动体育消费试点各项工作，做好后大运文章，实现大运效益利用的最大化，带动全民健身蔚然成风，推动文化旅游、商务会展等关联产业发展，助力城市品质和国际化水平提升。

第三节　成都城市的国际赛事 IP 遗产

一、赛事 IP 的概念及特点

IP 是英文"Intellectual Property"的简称，译为"知识产权"。体育赛事知识产权是知识产权在体育赛事领域的具体表现，是体育赛事及其相关衍生产品的产权，与体育产业有关的创造性智力成果、商业符号等知识产权的集合名称。体育赛事 IP 具有独特性强、生命周期长、盈利潜力巨大和网聚效应强的特点。

（一）独特性强

体育赛事具有很强的独特性和较高的知名度。一个好的 IP 需要独特的识别能力和难以模仿的生产能力。例如，科比和姚明之所以能够有效地保持体育知识产权的地位，取决于其无法模仿的篮球技术、独特的体育精神和民族代表性意义。体育及其赛事具有文化属性，代表着一个国家或民族的气质和精神。

（二）生命周期长

体育赛事可以持续产生影响，该连续性延长了赛事的价值周期，并且较为稳定。体育赛事就像文学、明星、电影或游戏甚至优于它们，人们对于体育运动的热爱大多会持续一生，甚至延续几个世纪，凭借其高安全系数和可替换元素，投资体育赛事 IP 是一种相对稳定的营利项目。例如，即使 NBA 的著名球星科比和乔丹退役，也马上有新兴超级球员出现，球迷也还是会对 NBA 保持热爱。另外在经济方面，举办活动的城市可以成为刺激球迷旅游消费，销售体育明星参加同一赛事的鞋子和衣服，获得赛事 IP 的持续播放率和收视率带来的版权收入，通过体育赛事 IP 吸引赞助和注资等，这些都体现了体育赛事生命周期长的特点。

（三）盈利潜力巨大

一般来说，一个完整的体育赛事 IP 利润构成主要包括四个方面：媒体版权、商业权益、门票接收和衍生产品。获得持续稳定的收入是体育产业市场化发展的需要。在促进体育发展的同时，体育赛事 IP 对于实现稳定收入更为重要。目前的体育赛事 IP 资源不仅通过赛事运营和转播版权实现盈利，还通过赛事衍生的商业价值实现稳定收益。当前，我国的体育产业进入了快速发展时期，2012—2017 年我国体育产业产值和增加值的年复合增长率分别为 18.27% 和 20.03%，增幅较大，但与其他发达国家相比，提升的空间仍然很大。体育赛事 IP 的盈利潜力不可估量。

（四）网聚效应强

体育赛事 IP 具有网络聚集效应和较高的用户参与度。IP 的实质是"粉丝"效应。"粉丝"因为爱而聚集形成口碑效应，口碑辐射是网络聚集效应的直接体现，可以转化为商业价值。根据"粉丝"经济理论，"粉丝"经济一般是指基于"粉丝"与被关注者关系之上的经营性创收行为，被关注者大都为明星、偶像和行业名人，也就是说，以消费者为主导的营销手段为情感资本增值。而企业也从消费者的情感出发，利用这种力量为品牌和明星 IP 实现情感资本增值。

二、成都双遗马拉松——"踩着跑鞋去旅行"

马拉松进入我国的时间比较晚，但近十年来我国马拉松赛事的举办如雨后春笋一般越来越多，形式多样，种类丰富，各具特色。很多国家和城市不是将马拉松当成一项普通的运动，而是当成了当地的传统或是一个城市的名片。成都双遗马拉松于 2015 年首次举办，是成都地区一个具有代表性的全程马拉松。它吸引了全国乃至世界各地的跑者参加，是成都极具代表性的精品赛事。

（一）独特的赛道 IP 遗产

马拉松是一项以比赛路线景观为特征的体育赛事，可以最大限度地宣传城市，提升城市的竞争力和影响力，因此马拉松比赛的路线要充分展现主办城市最独特的景观。

成都双遗马拉松赛道（如图 3-9 所示）起点位于有着千年文明的水利工程都江堰，终点位于素有"青城天下幽"美誉的中国第四大道教名山——青城山。途经宣化门、南桥、飞沙堰、鱼嘴、熊猫谷、赵公庙、建福宫等历史悠久的著名风景名胜区，将多处世界遗产核心景点串联在一起，将都江堰厚重的文化传统与国宝熊猫、太极、古今穿越等元素融入其中。另外，赛道沿线还布置了具有成都元素的熊猫、川剧变脸、仿古表演、乐队表演、小情景剧表演以及都江堰特色小吃和工艺品展示，赛道上还新增了"美食一公里"，将都江堰美食文化和赛事完美融合，充分展示了都江堰"好山、好水、好空气"的自然资源和"宜居、宜业、宜休"的城市气质。整个比赛路线不仅可以让来自世界各地的运动员和观众在比赛和观看过程中感到身心愉悦，感受在青山绿水间奔跑的舒适，还能让来自世界各地的参赛者感受世界自然遗产以及世界文化遗产的独特魅力。

图 3-9 成都双遗马拉松赛道

图片来源：《升级为世界三遗产赛道 2019成都双遗马拉松都江堰开跑》，https://sichuan.scol.com.cn/fffy/201903/56835859.html。

成都双遗马拉松赛道是国内马拉松比赛中最具城市文化特色的赛道之一，拥有"中国最美赛道"之称，大多数跑者在比赛结束后都纷纷表示：一路跑下来，竟然有一种"回到公元前"的既视感。现在，一提到成都双遗马拉松，人们就会联想到都江堰或是青城山，这条独特的赛道俨然使赛事成了成都一张新的城市名片。

（二）巴蜀文化IP遗产

成都地区的巴蜀文化具有深厚的文化内涵。青城山道教文化与不同历史时期的民俗文化相结合，形成了巴蜀文化独特的文化脉络，为成都双遗马拉松特色地域文化奠定了基础。

青城山是著名的道教文化名山，是中国道教的发源地。它也是成都十大风景名胜区之一，是世界文化遗产、国家重点文物保护单位、国家重点风景名胜区、国家5A级旅游景区。景区还享有"青城幽城"的美誉。

都江堰水利工程是一项大型水利工程，历经2000多年风雨，被誉为"世界水利文化的鼻祖"，至今仍发挥着巨大作用。千年古坝古堰堪称天人合一的典范，也是中国著名的旅游景点。在2008年汶川地震中，都江堰市离地震区很近，但在大地震之中，都江堰水利工程只受到了很小的破坏，原来的项目基本上完好无损，令人佩服。现在，它依然屹立在我们眼前，依旧造福人类，发挥着自己的作用。无坝引水的大型水利工程，体现了中国古代劳动人民的勤劳、勇敢和智慧。

（三）熊猫奖牌的IP形象遗产

奖杯和奖牌是颁发给赛事优胜者的证明，以表彰他们在某一领域取得的成就。每项赛事的奖牌形象设计都代表了赛事的内涵以及其传达的理念。

自2015年以来，大熊猫就成了成都双遗马拉松的吉祥物，而成都双遗马拉松又称Panda marathon，熊猫已成为成都双遗马拉松最鲜明的特色，不断变换花样的熊猫奖牌更是被跑者称为"中国最美奖牌"。

2015年的熊猫奖牌（如图3-10所示）第一次与跑者见面，略显羞涩地微笑，用最简单的方式创造出四千人的"首马纪念"。2016年，以创意著名的成都双遗马拉松在奖牌设计上首次突破传统奖牌，熊猫的脑袋悄悄半露，头顶加入了火锅、盖碗茶、竹子、麻将、脸谱等四川特色，受到国内马拉松爱好者的追捧。2017年，这一年的熊猫奖牌高度比正常人的拳头还高，重量则达到了370克，奖牌背后搭配魔术贴，使奖牌不仅可以"站起来"，还可以傲娇地挺立在办公桌或是家里最显眼的位置。2018年，熊猫奖牌"减肥成功"，在减掉1/3体重的同时变得更加圆滚滚，奖牌的大小也根据比赛分组进行了调整，大大小小的熊猫奖牌放在一起，竟有一种熊猫谷的既视感。2019年，承办方更是脑洞大开，给跑者一块没有颜色的奖牌，选手可以自己为奖牌上色，打造个人专属奖牌。

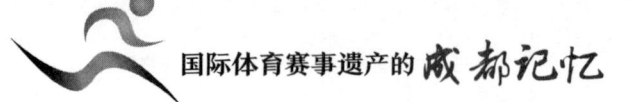

图 3-10 历年熊猫奖牌

图片来源：《成都双遗马拉松，今年的大熊猫奖牌如何"变脸"？》，https://www.sohu.com/a/359941696_198927。

2021年，成都双遗马拉松的奖牌依旧是引人注目的熊猫主题，其温柔可爱的眼睛与酷炫的外表交织在一起。正面面部特征采用金属色压花和磨砂，使奖牌具有极强的纹理和触感。创造性的360度可旋转盖设计改变了以往参赛者对奖牌的一贯理解。奖牌采用激光3D雕刻工艺，生动地勾勒出都江堰最宏伟的走廊桥——南桥，以及在起伏的青城山脚下奔跑的运动员。奖牌绶带配色结合青城山的"主旋律"色彩，青山绿水相得益彰。它将青城山清新自然的感觉淋漓尽致地传达出来，使人不能忘却在青城山脚下跑步和洗肺的旅程。全程马拉松的完赛奖牌后面还压印了比赛的标志、终点和公里数以及竹子底纹。在完成日期的底部，保留一个定制的"名称"位置，以便在收到奖牌后现场雕刻，确保统一性和独特性。可以说，独创性体现在每一个细节上。

三、世界警察和消防员运动会——"欢乐与荣耀"

世界警察和消防员运动会自20世纪80年代开办以来，每两年举办一次，被称为"警察和消防队员的奥运会"，其成员覆盖世界主要国家和地区，已成为参赛人数仅次于奥运会的国际体育赛事。

（一）吉祥物 IP 形象遗产

吉祥物象征着吉祥如意，它是人们对生活的美好祝愿，也被赋予了更多的浪漫联想。自 1972 年慕尼黑奥运会设立吉祥物以来，历届奥运会和一些大型的世界体育赛事都要设计吉祥物。吉祥物是每届奥运会上有趣且具有代表性的纪念品，它通常是以东道国的国鸟、国兽或珍贵动物为原型，采用夸张的拟人艺术手法设计出生动的形象。在激烈的比赛场上，自始至终都有这样一个可爱的吉祥物。它不仅极大地活跃了比赛气氛，使人们的心理得到放松和平衡，还增加了比赛的友谊和节日气氛，表达了人们对比赛的美好祝愿。

世界警察和消防员运动会的主体是消防员和警察，吉祥物"橙橙"和"嘟嘟"（如图 3-11 所示）以熊猫为主体形象，它们是和平友爱的使者，代表中国成都欢迎来自全世界的消防员和警察。"橙橙"是一只身穿橙色消防员服的熊猫，象征消防员。"嘟嘟"代表了警察的警笛声，是一只穿着警服的熊猫。"橙橙"和"嘟嘟"的谐音也正好是"成都"。

图 3-11　"橙橙"和"嘟嘟"

图片来源：《激萌？搞怪？赛事吉祥物的"套路"到底有多深？》，https://zhuanlan.zhihu.com/p/62178040。

在成都世界警察和消防员运动会衍生品的发布会上，来自全国各地的礼品经销商、代理商和零售商前来观摩并达成了多项签约合作。新闻发布会公布了 80 多个衍生品，包括服装、配饰、玩偶、文体器材、日用品等。

（二）天府文化 IP 遗产

借"世界警察和消防员运动会"的契机，成都打造了"2019 成都世警会天府文化魅力行"的品牌活动，主要包括熊猫文化行、川菜体验活动以及离境

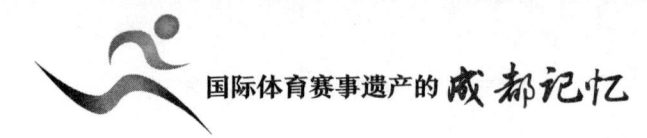

退税体验中心，此次活动邀请了所有世界警察和消防员运动会参赛人员以及游客当一次"国际体验官"，体验天府文化的独特魅力。感受国际消费中心成都的魅力，作为首个在亚洲举办世界警察和消防员运动会的城市，成都向他们敞开怀抱，展示着这座城市的热情与风采。

"世警会天府文化魅力行"系列活动之熊猫文化行中，20位嘉宾应邀作为"国际体验官"抵达大熊猫研究中心都江堰基地。活动中，嘉宾主要负责清理圈养地、搬运竹子、观看大熊猫纪录片和喂食大熊猫。

此外，成都还开展"世警会天府文化魅力行"川菜体验活动，使源远流长的川菜文化受到了外国友人的广泛关注。一菜一格，百菜百味；美食无国界，品味有共鸣。他们在川菜体验馆学习了回锅肉、宫保鸡丁、麻婆豆腐等传统川菜和小吃的烹饪。外国友人对川菜的历史渊源、流派和烹饪技巧都很感兴趣。许多外国友人纷纷表示这是他们第一次学习烹饪川菜，原来川菜的灵魂不在于辣椒，而在于千变万化的菜肴和丰富的制作工艺；通过对川菜文化的深入体验，不仅品尝到了地道的川菜，而且对天府文化有了更具象化的了解。活动不仅让外国友人感受到川菜文化的独特魅力，还诠释了"兼容并蓄、特色鲜明、求相融合"的成都美食文化核心。目前，成都也正通过美食之都的打造为城市发展注入更持久的经济活力、人文魅力、生态引力。下一步，成都将加快建设以"天府文化传承与发展"为主题，以传承川菜文化为核心，汇聚国际美食品牌、多元化消费业态和特色消费场景的国际"美食标杆"城市，引领世界食品工业和食品文化发展格局。

"世警会天府文化魅力行"系列活动之全球首家"成都造"主题的离境退税体验中心同步落地成都世纪城新国际会展中心。在这里，运动员及其家人不仅可以一站式购买成都特色商品，还可以在购买金额超过500元时在体验中心开具退税单，并在离开机场时完成退税。同时，每天选取20位体验官购游成都，打卡春熙路、太古里等热门商圈消费场景，为外国参赛选手及嘉宾营造良好的国际消费场景，提供更好更便利的购物、退税体验和服务，解锁成都最新离境退税政策。

新时代的成都，传统文化与时尚潮流相辅相成，历史积淀与现代文明和谐共存。这里有都江堰、青城山等珍贵的世界遗产，武侯祠、杜甫草堂等成都的历史文化瑰宝也吸引了参赛者的目光，世界警察和消防员运动会让世界看到成都的文化魅力。

（三）体育场馆IP遗产

成都制定的《成都建设世界赛事三年行动计划（2018—2020年）》提出全

面推进建设一流体育场馆、顶级品牌赛事、发达体育产业、丰富全民健身活动和深厚体育文化的世界赛事名城。世界警察和消防员运动会的举办，正是成都建设世界赛事名城所需要的，也为成都建设世界赛事名城奠定了坚实的基础。

第18届世界警察和消防员运动会有9个比赛区，56个比赛项目，所需的比赛场馆众多。为了迎接第18届世界警察和消防员运动会，成都对许多场馆进行了翻修，使其焕然一新。例如，拳击比赛设在五粮液成都金融城演艺中心，用演唱会的配置观看比赛，每一个位置都能清楚地看到拳台，使观众尽情享受比赛的精彩刺激。警用摩托技能赛设在亚洲最大的单体建筑——环球中心，在成都看世界警察和消防员运动会就像逛街一样简单，比赛看完了可直接开启逛街模式。这里还有世界最大的室内LED屏幕、水上娱乐设施、人造海滩等。山地自行车和慢投垒球比赛设在桂溪生态公园，其位于环球中心旁，被誉为成都版的"纽约中央公园"。沙滩排球比赛设在江滩公园，为了满足比赛需要，专门从广西北海运来一批沙。

为承办更多世界级赛事，成都还进行了体育设施规划与布局，并制定了《成都市公共体育设施布局规划（2017—2035）》。成都的大型赛事场馆将形成"一城、两区、多点"的格局，具体包括天府奥体城、南部赛事场馆区、北部赛事场馆区等。世界警察和消防员运动会的大部分场馆位于"两区"。随着天府奥体城、凤凰山体育中心、成都国际足球中心等一大批大型体育场馆的建成，专业的比赛配专业的场馆，成都在建设世界赛事名城方面将更加具有竞争力。

（四）社会IP遗产

世界警察和消防员运动会的成功举办拉动了成都的城市经济，城市服务功能得到了提高，环境条件得到了改善，综合竞争力得到了提升。一方面，它为成都积累举办比赛的经验，以迎接未来更多的挑战，抓住更多的机遇，完成更大的城市升级；另一方面，它可以提高市民的幸福感，增强城市对人才的吸引力。

通过此次世界警察和消防员运动会，成都也向市民展示了健康的生活方式和生活状态。如果说场馆建设、安保服务、交通改善和环境治理是"硬效益"，那么人的力量就是"软效益"。更健康、更快乐、更有归属感和认同感的城市文化将大大增强城市的凝聚力。世界警察和消防员运动会的56项赛事都没有门票，其中43项赛事和定向越野（短途）对公众免费开放。在各项比赛中，许多市民来到场馆观看比赛，感受现场的热烈气氛。此外，2019年7月，世界警察协会综合健身热身赛成立了一个专门的大众组，让成都市民有机会参与

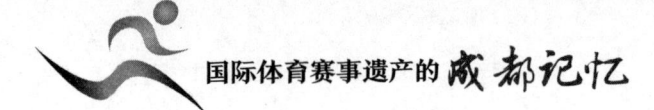

世界警察和消防员运动会项目,进一步了解和支持世界警察和消防员运动会,营造浓厚的宣传氛围。成都市重视重大体育赛事的宣传推广,丰富民众的精神生活,提高广大群众的体育意识和文化素养,提高人们的幸福感和归属感。

体育产业作为21世纪的朝阳产业,是中国经济发展的新动力。举办大型体育赛事不仅可以留下宝贵的场馆遗产资源,且赛前赛后周期长,观众参与面广,社会影响力大,可以带动主办城市全民健身事业的发展。体育人口的增长必然会促进相关体育产业的快速发展。世界警察和消防员运动会的举办,将有助于加快体育融入民众生活,满足人民群众日益增长的体育需求,培养健康的生活方式,加快建设健康幸福的成都,推动美丽宜居的公园城市建设。

四、中国·成都天府绿道国际自行车车迷健身节——"我骑行,我快乐"

中国·成都天府绿道国际自行车车迷健身节已经举办了10多年,是全国持续办赛周期最长的城市自主打造的品牌标杆性赛事。该车迷健身节将高水平赛事与全民健身有机结合,真正实现了办好群众喜爱的赛事的目标,发挥了赛事引领全民健身的作用,为自行车运动的普及、推广和发展树立了成功的典范。车迷健身节将进一步打造成城市级精品赛事,将体育与自然环境完美融合,助力中国自行车运动的发展。

(一)赛事品牌IP遗产

一个好的体育赛事,单凭品牌就能占据市场的主导地位,每一个成功的赛事IP都有巨大的品牌价值,在举办一场赛事前,最重要的就是赛事品牌的宣传。中国·成都天府绿道国际自行车车迷健身节创办于2010年,是成都自主打造的自行车全民健身品牌,赛事创办10多年来,已经成为有着重要影响的自行车品牌赛事。车迷节以天府绿道为品牌,将自行车运动与绿道健身文化有机融合,让广大参与者享受运动乐趣,感受天府绿道的自然生态美,成为成都打造世界赛事名城的一张闪亮名片。

在过去的10多年里,车迷健身节已经从茶海之乡走到花海之地。车轮印遍布蒲江、崇州、金堂、大邑、双流等11个区(市)县。"我骑行,我快乐"的赛事文化吸引了近10万人参加比赛,直接或间接影响了数百万自行车爱好者,他们在环城绿道上骑行,在城市公园里搭起帐篷,晚上爬龙泉山看日出。公园城市独特的体育模式使成都人的生活充满了仪式感。其中,由于不受地域、年龄、时间等因素的限制,骑行更是火爆出圈。绿道麦田、花海、各种道路桥梁、网络名人频频出现在成都市民的朋友圈。经过多年的发展,车迷健身节不断升级，影响力不断提升，品牌形象、视觉识别系统、竞赛体系等方面全面升级。车迷健身节已经成为广大自行车爱好者体验速度和激情、参与竞争交流的重量级舞台，并逐渐成为在国内外具有重要影响力的自行车品牌赛事，成为成都建设世界赛事名城的重要力量。

（二）赛道 IP 遗产

2019 中国·成都天府绿道国际自行车车迷健身节（温江站）在温江北林绿道拉开帷幕，2000 多名自行车运动员和车迷在北林绿道上竞速比拼，在可以"遥望雪山"的绿道上畅快骑游，在风景如画的春天里共享生活新风尚。通过赛事，政府引导绿道沿线打造"体育＋"的体育消费场景，吸引更多市民和游客进入绿道、感受绿道、享受绿道。温江已成为一座突出绿水青山生态价值、绿色发展经济价值、文化遗产价值、简约健康生活价值和教育社会价值的公园城市。温江紧跟建设美丽宜居公园城市的战略定位，规划建设全长绿道系统 698 公里，包括市级绿道、北林绿道和南城慢行交通系统。北林乡村绿道既有"自然生态、宜人情怀"的景观，又有"宁静、优雅、户外乐趣"的生活。在集装箱里享用下午茶，在户外广场烧烤，在越野跑道上开车，在足球场上竞技。享受美食，享受健康，演绎着温江城市与生活的变化，温江"雪山之下，幸福之上"的公园城市魅力不断显现出来。

2021 中国·成都天府绿道国际自行车车迷健身节（邛崃站）的"幸福峡道·滨河绿道"被称为成都最美"回家的路"。这条绿道位于南河岸边，全长 6 公里。河边绿道就像一条镶嵌在城市中的美丽珍珠项链，是人们生活、娱乐和休闲的热门区域，更是邛崃极具生态、诗意的回家之路。滨河绿道连接滨河广场、体育休闲公园、儿童森林公园等城市景观带，聚集消费、茶馆、酒店等商业业态，不用在河边绿道上刻意寻找，公园、消费、文化、体育、科普等元素会与你不期而遇。

（三）红色文化 IP 遗产

当车迷健身节首次走进素有"天府南来第一州"之称的邛崃时，赛场连接了邛崃古城、孔明乡、平乐古镇，古老的文化与现代文明交相辉映，车迷们在"千年邛窑"中竞逐、骑游的同时也体验了一次"古今穿越"。为庆祝中国共产党成立 100 周年，车迷健身节充分融合了党史学习教育的元素，借助自主品牌体育赛事，推动党史学习教育的深化和实施。作为"永远跟党走"的群众性主题宣传教育活动，2021 中国·成都天府绿道国际自行车车迷健身节的意义也比以往任何时候都更加重要，邛崃作为这次健身节的总决赛地点，"红色元素"

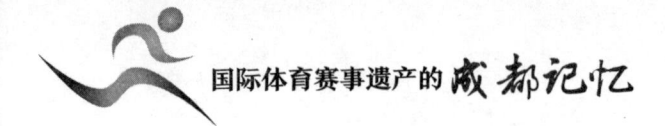

更为突出。这里是充满红色印记的革命热土,红色基因在这里代代相传。邛崃红军长征纪念馆是成都市唯一的红军长征纪念馆,是四川爱国主义教育基地,是国家红色旅游经典景区,是保持共产党员先进性教育、开展红色教育的理想场所。在比赛场地和赛道的两侧,依次排列着描绘中国共产党百年发展历程的展板,在步行和骑行的过程中,参赛者可以感受到伟大的中国共产党百年来走过的峥嵘岁月。成都无疑是一个有着丰富红色标志的城市,这片历史悠久的富饶之地承载着无数先驱的故事。它们延续了百年的红色记忆,沉淀在我们脚下的热土上,静静地诉说着不平凡的岁月。追寻这一红色足迹,在山川中探寻过去,不仅是一次难得的人生旅程,更是对革命精神的传承和记忆。邛崃是四川省的一个革命老区,不仅是一个具有光荣革命传统的城市,也是中国共产党在川西地区最早成立党组织的地方。

在比赛开幕式上,100多支队伍和2000多名选手演唱了《没有共产党就没有新中国》,雄壮的旋律在四面八方回荡,激起了每位参赛者的爱国心。党员干部齐声宣读了入党誓词,每个人都挥舞着鲜艳的国旗和党旗,把现场变成了一片红海。与此同时,在选手们的接力传递过程中,会场中央600平方米的国旗徐徐展开,与大家手中的国旗、党旗交相辉映。全体参与者的爱国主义和对党的热情被点燃,到处洋溢着浓厚的爱国爱党气氛。比赛结束后,所有参赛者前往纪念馆参观学习。他们表示,要珍惜今天的幸福生活,发扬长征精神,继承和弘扬爱国主义精神,从党的伟大历史中学习伟大力量,开辟新时代,踏上新征程。邛崃拥有大量红色文物,始终坚持综合保护、开发利用红色资源,兼顾周边环境、基础设施和公共配套服务,重点建设红色教育基地,并与旅游相结合,大力宣传红色文化。

第四节　赛事交通的通达便捷

交通便捷是赛事成功举办的重要支撑,交通建设更是全方位地展示了一个城市因赛事而发生的改变。为了举办好第31届世界大学生夏季运动会,创建世界赛事名城,成都牢牢抓住了这个重要的窗口期,交通基础设施已全面完善,为后期的赛事交通服务奠定了良好基础。赛事交通管理是指为运动员、教练员、裁判员、工作人员、重要领导、嘉宾和赛事参与者合理安排赛事期间的交通用车,全程周密地组织规划和实时监控。这是保证体育赛事正常运行的关键因素。

一、大运会直通通道"智慧"通车

大运会直通通道作为大运会期间的重要通道，已投入使用。大运会直通通道从成都大学出发，终点在东安湖体育公园主体育场，全长12.3公里，是连接大运村和体育中心的直通通道，是大运会期间的重要通道，也是连接龙泉北区、中央绿色中心和东安湖地区最重要的客运通道。大运会直通通道通过智能系统的建设，实现了前端全面感知、智能数据分析和精细业务管理。道路建设包括智能交通、车路协同、智能管理、智能照明等模块，将道路建设成"精细化管理、高效运营、高服务质量"的智能道路。智慧综合杆是大运会直通通道的亮点之一，道路灯杆、交通标志杆、信号灯杆、监控杆、公共服务设施指示杆、停车诱导指示杆、5G基站等设施集中设置在一起，可通过视频动态监控交通流量，识别路面设施状态，实现人、车、路、环境的全息监测，并支撑交通运行研究、设施维护管理和改善效果评估。大运会直通通道的智能化建设将加强成都大运会赛事的保障，为赛后继续深化智慧城市建设和城市交通治理奠定良好基础。

二、专用通道助力赛事交通

大运会专用通道是连接成都大运村与主体育场的重要通道，也是连接大运村、中央绿色中心、东安湖区的重要交通快线，全长11.5公里。在大运会期间，体现公园城市理念的大运路、外部形象展示的景观带、融入城市公共活动的复合街、赛时交通快线将实现大运村20分钟直达体育公园，大大提高两地的交通效率，为大运会的顺利举办提供有力保障。为全面推进大运会筹备工作，有效保障赛事相关车辆通勤效率，确保大运会专用通道相关交通设施按照大运会执委会要求落实到位，2022年成都市交警正式启动成都绕城高速公路大运会专用通道建设。一些城市道路、三环和绕城高速公路将规划大运会专用车道，城市道路将优先使用原有的公交专用车道标线。同时，在交叉口出口处设置大运会专用车道标志及相应的地面标志和时间标志，交叉口入口处将增设"大运车辆"地面标志。三环路主干道和绕城高速公路大运会专用通道设置在车辆行驶方向最左侧车道。

大运会专用通道的建成无疑是大运赛事顺利高效举行的坚实保障，严格践行"大运速度"，打造精品赛事。另外，该专用通道对于完善成都交通运输网络以及促进当地社会经济发展也具有重要意义。

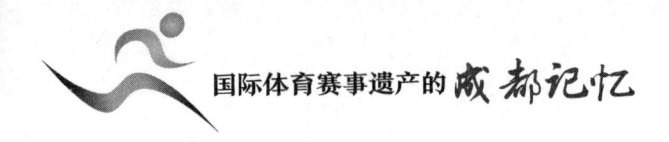

三、专线服务提升出行效率

大运会赛事活动的交通出行者主要包括贵宾、官方活动经理、媒体记者、活动主管、活动工作人员和观众等。基于上述情况，人员的出行方式不同，出行需求服务也不同。性能猛兽"蓝金刚"服务车主要服务于运动员团队，流畅的曲线分割整个车身，倍添了城市科技氛围感，承载着这座城市的人们迈向科技发展的新时代。该车使用磷酸铁锂电池，在大大缩短充电时长的同时提升100公里的续航里程。低调奢华的"东方先生"红旗H7等小车车型主要服务于FISU家庭成员和国内外的宾客团队，配备小车专用调度系统，可以满足赛事贵宾们随叫随到的用车需求；车上的座椅都是真皮软座，座椅靠背的角度可以自行调节，还可以调整相邻两个座位之间的距离，以释放更大空间，减轻运动员赛后的劳累与疲惫，提高比赛期间每次行程的舒适度。此外，新能源汽车将用于大运会的所有公交车类型，"双碳"理念将在整个大运会期间得到切实落实。

四、交通限行便捷赛事交通

对于一些大型赛事来说，例如第31届世界大学生夏季运动会、世界警察和消防员运动会、成都马拉松等赛事，场馆众多且较为分散，赛道路线较长，成都的交通车流量相当大，在运动员前往场馆的路途中可能会遇到堵车等情况，所以，应采取必要的措施保证赛事活动期间的道路交通安全畅通，保证赛事的顺利进行。

为了确保第31届世界大学生夏季运动会在成都成功举行，统筹做好大运会期间交通保障与城市交通平稳运行的工作，根据《中华人民共和国道路交通安全法》等法律法规的规定，决定采取小、微型客车临时交通管控措施。对悬挂川A、川G小型汽车号牌的客车尾号进行车辆限行，每日7：30—20：00禁止悬挂非川A、川G小、微型汽车号牌的客车（9座及9座以下）在成都绕城高速公路G4202（含）以内区域所有道路以及科华南路、梓州大道通行。

大型体育赛事的交通服务工作是复杂而独特的，主办城市应系统、科学地对待其总体规划和专项规划设计，以安全、有序满足赛事需要的交通服务目标，按照可持续发展原则和目标，精打细算地完成赛事的交通服务工作，为以后成都顺利开展大型赛事提供坚强的交通运输保障。

第四章　国际赛事志愿文化和服务人才遗产

第一节　国际赛事志愿文化遗产

国际赛事志愿服务为我们留下了丰富的文化遗产，包括组织遗产、项目遗产、媒体遗产和理论遗产等一大批珍贵成果。这些成果历经无数人的探索和实践，才得以积累与沉淀，对于举办城市的志愿服务都有着重大的意义和深远的影响。志愿文化遗产建设的主要任务是将志愿服务工作的经验与成果转化为推动世界志愿服务事业和经济社会发展的资源与动力。

一、国际赛事志愿文化遗产的内涵

国际赛事志愿文化遗产异常丰富，涉及人们生活的方方面面，其中以组织遗产最为重要。志愿服务组织能否顺利发展并自主运行，是决定一个地区志愿事业可否持续发展和创新的关键；而志愿服务知识能否留存下来并影响民众，决定了一个城市的志愿文化可否广泛普及、逐渐深入，成为人们日常生活中不可或缺的要素。

二、国际赛事志愿文化遗产的组织遗产

国际赛事志愿文化遗产主要体现在组织遗产方面，即通过国际赛事的服务与传播，造就具有生机活力、持续发展和服务民众的优秀志愿组织。如何对组织遗产进行有效的分类与甄别，值得社会与民众深思。

（一）官方志愿组织的成功转型

国际赛事带动赛事志愿服务的发展热潮，通过志愿服务促进志愿组织的社会化，逐渐减少官方志愿组织的行政化、形式化，使官方志愿组织发生脱胎换

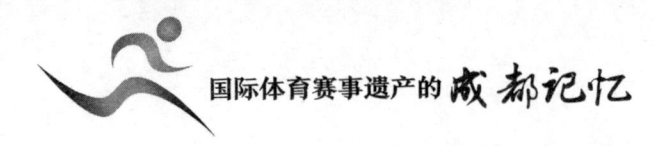

骨的转变。以广州市党政推动兴办的志愿组织为例，广州亚运会官方志愿组织从 2007 年起就面向社会招收志愿者人才；通过聚集社会各个阶层的人才进入官方志愿组织，激发了组织的活力，使组织获得了新的发展基础。

（二）半官方志愿组织的自主发展

半官方志愿组织是大型赛事志愿服务的特殊要素，它们没有独立注册，而是挂靠志愿者协会，同时与政府和社会民众保持着密切联系。例如，在大运会、亚运会筹备与举办过程中，很多半官方志愿组织参与其中，并且将赛事志愿服务的相关信息传播到社会，通过志愿服务活动，探索与社会力量的合作和自主发展的空间。

（三）体育赛事的国际志愿服务组织的融合互动

中国的对外开放与文化融合，有利于吸引国际志愿者、志愿组织互相交流合作，能促进志愿服务的国际化进程。早在我国改革开放初期，海外机构就到国内开展志愿服务。21 世纪以后，陆续有国际公益机构、国际志愿组织进入国内设立派驻分支机构，如"国际赛事志愿组织"等。现如今，成都市政府积极推进社会建设，繁荣志愿服务事业，吸纳国际志愿组织机构共同参加志愿服务，促进了国际赛会服务的资源与社会志愿服务事业的融合互动。

三、国际赛事志愿文化遗产解析

（一）国际赛事志愿文化遗产源于实践、来自探索

一百多年来，世界各国对于综合性大型活动志愿服务的探索与开展，是志愿文化遗产的根源所在。将志愿服务应用于国际赛事志愿服务中，已经成为国际认可的做法，我国同样遵循着这一惯例。我国真正意义上的现代志愿服务始于改革开放初期，广东率先开始了志愿服务的探索。多年来，广东的志愿服务发展一直走在全国之列，积累了大量极具价值的本土经验。我国充分吸收前人经验，并在前人探索的基础之上开拓创新，充分发扬"奉献、友爱、互助、进步"的志愿精神，倡导志愿者以热情的微笑和周到的服务，迎接来自世界各地的运动员和观众，出色地完成志愿工作，确保国际赛事的圆满成功。

（二）国际赛事志愿文化遗产的本土性与世界性共存

文化遗产作为人类文明的成果，产生于不同地域与群体，带着历史和文化

的烙印，具有一定独特性和本土性。虽然不同地域和群体间的环境与文化各不相同，但人类对美好生活的向往和追求却又极具一致性。无论何种文化遗产，都是人类美好情感与智慧的结晶。国际赛事志愿服务的文化遗产，同样具有本土性与世界性共存的特征。其本土性，体现在与本地的历史、经济、政治和传统文化氛围密切相关；而其世界性，则表现在其蕴含了奥林匹克精神、志愿精神这两种全人类认同的价值观，并且可以传播、共享，供世界各地人民交流、借鉴与学习。

（三）国际赛事志愿文化遗产的继承性与创新性

国际赛事志愿服务的开展参考吸收了许多前人的宝贵经验，由此可知，国际赛事志愿服务文化遗产具有继承性。然而，在继承性的基础上进行创新，才真正是大型赛事志愿服务文化遗产的亮点。国际赛事志愿服务文化遗产的创新性，体现在它留下了一批具有里程碑意义的项目遗产、组织遗产、媒体遗产、理论遗产等志愿文化遗产。例如，2008年的北京奥运会与2010年的上海世博会都是在中国举办的世界瞩目的盛会，二者的志愿服务成果与经验都为后来国内大型赛事志愿服务提供了良好的参考与借鉴。

四、国际赛事志愿文化遗产与人的素质发展

国际赛事志愿文化遗产的建设有助于全面推动人的素质的发展。人的素质是动态的，是不断发展和提高的，而素质的高低在很大程度上决定了一个社会文明的发展程度。国际赛事的成功举办推动了志愿服务精神的发扬和流传以及文化遗产的建设，对各类人群精神风貌具有一定的塑型作用，对建设和谐社会以及提升城市形象也有着重要意义。社会志愿服务从根本上来说体现了人的全面发展，其核心理念是培育一种公共参与的志愿服务精神。公共参与具有自愿性质，目的不再是某种功利上的利益满足或逃避某种制裁，而是试图通过有益于社会来体现自己除职业、学业之外的社会价值。

因此，志愿服务与人的素质的发展是相辅相成的。一方面，志愿服务的开展、志愿精神的传播有助于更多的人感受到志愿服务的高尚，促进人的素质的发展。另一方面，自愿帮助别人的精神可以敦促更多的人参与到志愿服务的活动中，促进志愿服务的发展。

志愿服务对人的素质的发展一般通过强化人们对志愿服务成果的感知和对不同志愿服务群体的塑形来实现。它对人的素质的提高体现在三个方面：①行为文明，作风高尚；②关心他人，互帮互助；③关心社会事务，参与社会建设。而社会是以人为单位组合而成的关系共同体，个人素质的提高与发展，其

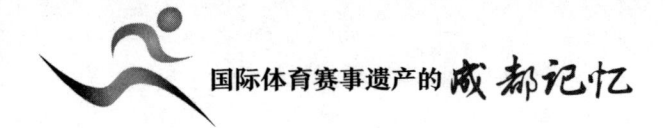

最终的体现就是社会的进步。人们在关心个人事务时,还要关心社会事务和社会建设,才能推动社会发展进步。志愿服务与人的素质的发展可以形成互相促进的良性循环。

(一)强化人们对志愿服务成果的感知

志愿文化在社会的各个方面都发挥着积极的作用,人们对志愿服务的认识,主要是通过自己的切身感受得来。对于普通市民来说,志愿服务成果的感知体现在日常生活中,如社区志愿服务队伍的志愿者承担起辅助疏导交通或协调邻里关系等服务,普通市民在志愿服务工作下得到切实的便利,从而建立起对志愿服务的认识。对特殊人群来说,如问题少年、残疾人、孤寡老人等,志愿者对他们无偿的帮助行为,为这些人群带去了温暖,也解决了他们的实际问题。这些人对志愿服务的成果有着最深刻的认知,能够通过这些感知到志愿服务的成果,更进一步认识到志愿服务的高尚之处。

(二)志愿服务对不同社会群体的形象塑造

大型赛事在传播志愿精神、丰富志愿文化、创新志愿服务、壮大志愿组织方面做出了巨大贡献,在经验和实践上都推动了志愿服务工作的进一步发展。以广州亚运志愿服务为代表,社会各界的积极参与,政府的全面引导,60多万志愿者的参与,使亚运会不仅仅是一场体育的盛会,同时也是志愿者的盛会。从这个典型事例能够看出志愿服务对不同社会群体的形象塑造作用以及形象塑造过程中对于这些群体素质发展的重要影响。

五、国际赛事志愿文化遗产保护路径创新

文化遗产作为历史遗存、文化积淀和文化基因载体,需要积极保护、充分利用和广泛传播。对志愿文化遗产进行创造性转化、创新性发展,是建设文化强国的重要举措。对于中国志愿文化遗产来说,其一,积极保护好文化遗产,让优秀志愿文化传承下去;其二,充分利用好文化遗产,让志愿遗产在当代活起来;其三,广泛传播好志愿文化遗产,为中国乃至世界志愿文化遗产做出贡献。

(一)构建体育赛事志愿文化遗产保护体系

保护文化遗产就是保护历史,志愿文化遗产保有量和保存度直接关系到一个国家和民族能否长久且有效地汲取自身文化中的养分,进而关系到文化传统

维护、文化可持续发展和文化战略创新。首先，应完善志愿文化遗产相关保护法规。其次，改革文化遗产保护管理体制。最后，做好政府部门和社会民众的权责划分。一是整合文化遗产保护管理行政职能，从文化属性着手建立大的赛事志愿文化遗产部门，强化管理权威，统一文化遗产行政部门机构性质，突破管理瓶颈，尝试垂直管理。二是以政府管理为主，形成政府、市场、社会和人民群众共建共享共管共治赛事服务文化遗产保护的格局。

（二）提升文化遗产利用能力，增强志愿文化软实力

实施文化强国战略要坚持以人为本的理念，积极寻找赛事服务文化遗产与人民生活的最佳融合点，充分调动广大人民发展文化的主动性和积极性，让志愿文化为民所创造、为民所享用、为民而服务，令文化遗产在新的时代焕发生机。

首先，利用赛事志愿文化遗产加强思想道德建设，讲解赛事志愿文化的历史渊源、发展脉络、基本走向，增强文化自信和价值自信。其次，将志愿文化遗产融入社会教育和基础教育，加大志愿文化遗产与公众的接触面。最后，以普及、教育为目标，制定相关志愿文化遗产开放方案，为公众提供优质志愿文化教育。

举办国际赛事应该不仅满足于获得有形的实质利益，而应该获得更多的遗产收益等，进而提升整个国家的体育赛事形象。因此，我们不应把赛事的筹办局限于赛事本身，应上升到更高的平台，将其纳入整个社会发展的总体规划进行筹划，让社会公众明白，赛事的承办不单单是单纯地承办一项赛事，更是在建立和经营一种遗产，并将其延续终身。

第二节　国际赛事服务人才遗产

在现今我国体育事业中，国际赛事逐渐成为重要部分，而对其服务人才遗产的挖掘成为重要的关注点。国际赛事服务人才是其运作管理的核心环节，对赛事服务人才资源需要科学开发与管理，挖掘出应有的价值。

一、国际赛事遗产特征

根据学者贺学君发表的《关于大型赛事遗产》等文献，笔者将国际赛事遗产特征归纳为如图4-1所示。

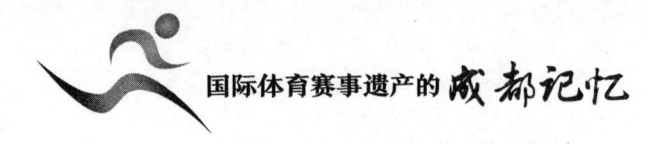

```
          活态性
脆弱性           群众性
         国际赛事
         遗产特征
   多样性    传承性
```

图 4-1 国际赛事遗产特征

（1）活态性。

赛事遗产依赖于人的行为而存在，以活的形态出现，可以说是以人为本的活态文化。

（2）脆弱性。

很多大型赛事遗产正不断消失，对于赛事遗产，其生存屏障较为脆弱。

（3）多样性。

国际赛事遗产是一个庞大的遗产，可以凭赛事遗产的领域范围、形态、主客观因素进行划分。

（4）群众性。

人类是国际赛事遗产的创造者、开发者、受用者和传承者，即人们参与大型赛事遗产。

（5）传承性。

这是所有文化遗产所具有的性质，遗产开发、利用的目的是使赛事遗产延续下去。

二、国际赛事服务人才遗产挖掘的重要性

国际赛事服务人才挖掘的重要性在于通过体育赛事培养大型体育赛事的专业管理人员，这不仅对体育赛事本身具有重要意义，而且对体育赛事的举办地以及体育强国的建设都有着重要的促进作用。

（一）有利于提升体育赛事管理队伍的专业化水平

无论是在何种事业的发展中，人才都具有关键性的作用。针对不同的事业发展，相应的专业化人才的加入无疑会对事业的向前发展起巨大的推动作用。

（二）有利于促进体育赛事举办地的发展

培养体育赛事服务人才，挖掘赛事服务人才遗产，在一定层面上也有助于推动赛事举办地的城市发展，促进该城市的环境治理工作，形成良好的体育健身风尚，促进当地体育健身等思想建设，提高人们对体育和健康的关注。

（三）有利于顺应体育强国战略

从长远来看，培养国际赛事服务人员，挖掘赛事服务人才资源，也顺应了我国的体育强国战略，符合《体育强国建设纲要》的要求，有利于向体育强国建设的目标迈进。

（四）有利于加强人力资源建设

竞赛工作高效发展，对于服务人员的专业化水平、体育赛事的全面与良性发展很有利。所以，培养人才、挖掘遗产对我国发展都具有重要的意义，值得重视。

三、国际体育赛事服务人才的组织结构模式

国际赛事的服务人才主要是指在体育赛事组织中为实现体育赛事的特定目标而执行各项任务的工作人员总和。工作人员有各自的职能，并相辅相成，根据体育赛事的组织形式，可将赛事人力资源管理的组织结构分为职能型、项目型和矩阵型组织结构。

（一）职能型组织结构

体育赛事组织中服务人才管理设置的视角不同，则组织结构模式不同。人力资源管理机构根据工作职能设立部门，配置工作人员。职能部门设有主管，下级部门主管需向上级主管负责人汇报工作，并管理本部门内部工作人员（如图4-2所示）。

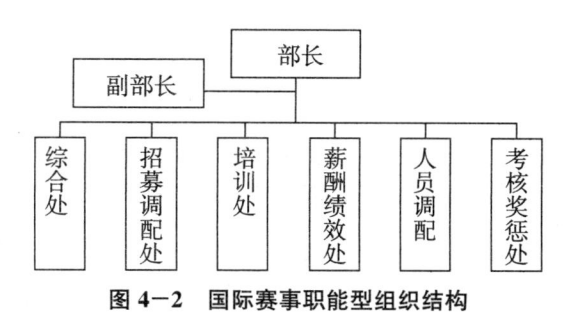

图4-2 国际赛事职能型组织结构

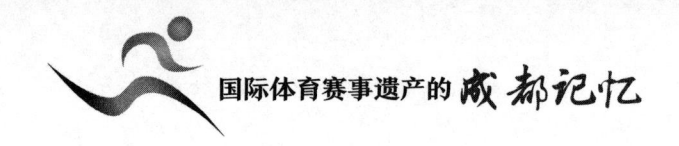

（二）项目型组织结构

项目型组织结构中，每个组织部门只有唯一的上级或上级部门，上级部门在其所管辖的范围内对下级具有直接的指挥权，下级组织或部门必须绝对服从（如图4-3所示）。

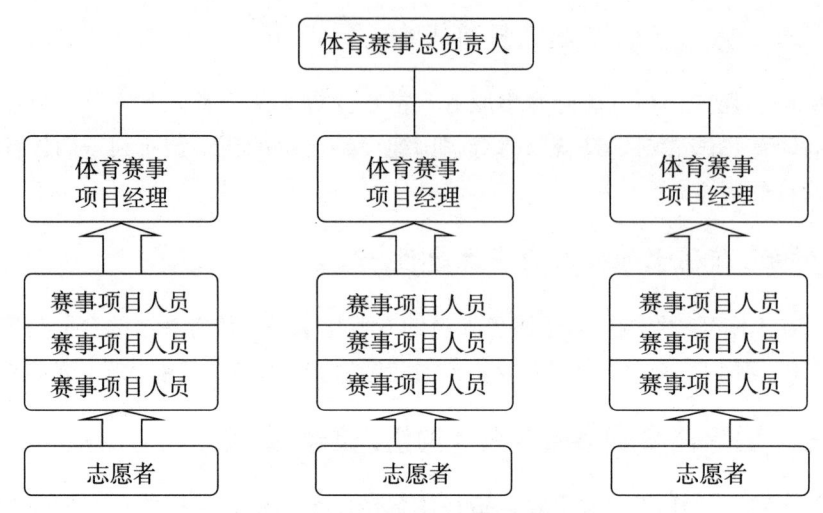

图4-3 国际赛事项目型组织结构

（三）矩阵型组织结构

这种类型既能横向管理又能纵向管理：一类是纵向按照管理职能设置设立，另一类是横向按照规划目标进行划分。横向与纵向的管理形成矩阵型组织结构（如图4-4所示）。

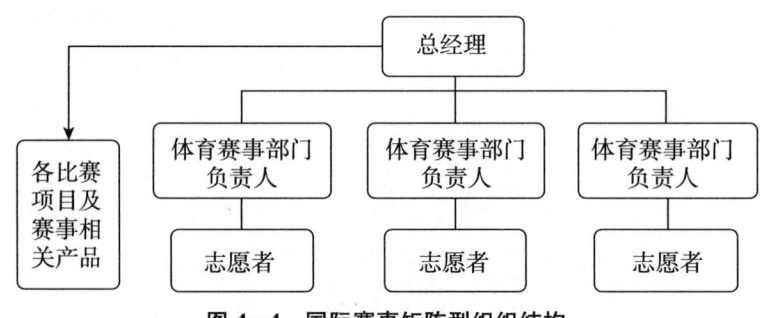

图4-4 国际赛事矩阵型组织结构

对不同的赛事选取相对应的结构，不同层级的人才相互合作，确保赛事运行成功。

四、国际赛事服务人才管理的运行机制

（一）开发机制

开发机制指通过选拔人才的制度方法，有效利用、塑造与发展人力资源来实现目标的规则和程序。

（二）激励机制

激励机制是指组织引导工作人员的行为方式和价值观念，以实现组织管理目标的规则和程序。

（三）监督机制

监督机制指限定工作人员和志愿者的行为，为了保证监督过程的公正和透明，建立的一系列规则和程序。其主要包括内部监督和外部监督两种方式。

第五章　国际赛事运行的保障

成都在世界赛事名城建设号召之下,力求通过国际赛事助力体育产业,将其与城市文化相结合,提高市民的整体素质,向市民展示出体育运动的魅力,推动世界赛事名城打造,助力国际体育赛事在成都这座城市的蓬勃开展。

第一节　国际赛事运行的体系保障

一、文化引领全民参与,推进国际赛事筹办

成都连续多年被评为中国最具幸福感城市,体现了这座城市发展的生命力、创造力和凝聚力。成都在城市文化的引领下飞速发展,全民参与到体育赛事活动中,为国际赛事的开展奠定良好基础。

良好社会风尚彰显着一个社会的文明素养,影响着一个社会的精神塑造,蕴含着一个社会健康向上的力量。人人行动起来,当好弘扬良好社会风尚的旗帜和标杆,让全体人民以更加健康文明、绿色环保的生活方式,朝着更加幸福美好的生活不断迈进[1]。国际赛事的到来,为成都本就充实的社会生活又添加了一份精彩,可以更好地向世界展示成都的历史、地理、人文等特色,展现城市的社会形象,扩大成都在国际上的影响力。

进入21世纪以来,人们更加意识到体育对身体健康的重要性,迎来了体育运动发展的热潮。成都历经多次大型体育赛事的洗礼,自身拥有丰富的赛事运行经验,可以为国际赛事运行提供强有力的制度保障。特别是2018年至2020年,成都举办的国际体育赛事达60多项,为民众提供了近距离接触高水

---

[1]《新华网评:弘扬良好社会风尚人人有责》,http://m.xinhuanet.com/comments/2020-05/25/c_1126031447.htm。

平体育竞赛的机会。其中第 18 届世界警察和消防员运动会招募志愿者 6000 余名，社会化动员志愿者储备达 16000 余人。志愿者由成都各高校在校大学生、社会热心人士以及公职岗位人员等构成。志愿者服务作为无私奉献的城市体育文化力量，加入建设赛事名城的阵营中。志愿者服务推动了良好社会风尚的形成，塑造了成都健康向上的社会精神。

总而言之，成都良好的城市文化推动全民参与到体育赛事之中，助力成都世界赛事名城建设，促进成都体育事业的发展。一系列国际体育赛事在成都成功筹办，体育俨然成为开启成都国际交往的重要媒介。

二、新媒介全方位追踪赛事运行，助力国际赛事发展

现代国际赛事对于新媒介具有超强依赖性，新媒介正逐渐成为保障体育事业发展的必要因素。

球迷作为新媒介体育的直接受益者与检验者，更是直接推动了新媒介的不断发展与进步，特别是对于新媒介体育内容的更新进步有不可忽视的推动作用。体育内容的多元与创新对体育迷的持续增长有着深远的影响，二者之间的互动关系更是国际赛事运行的重中之重。新媒介让众多兴趣相投的体育迷抱团，打破传统的应援方式，可以通过线上、微信和微博等方式同步应援，相互传递信息，更好地保障赛事的发展。另外，新媒介也突破传统媒体的束缚，让更多的人不再拘泥于只能在特定时间的体育新闻报道中了解自己感兴趣的体育赛事，可以随时随地通过各种社交媒体软件知晓体育新闻。同时，新媒介更像是一张蜘蛛网，不仅加强体育迷与赛事的联系，还强化了体育迷与体育迷之间的关联，推动了人与人之间的联系。新媒介体育通过推动人际网络的建设与稳固，塑造人们的体育价值观，维护国际赛事的稳步发展。

早期，媒介只是用于传递体育赛事信息。如今，新媒介不需要再以国际赛事的直播为热点，就算没有赛事，仍然可以通过赛事的精彩集锦、明星运动员的自传、运动项目的科普等方式来满足自身的发展需要，在聚焦流量的同时满足消费者的需求，实现自身向大众品牌转型。

三、政府引导体育赛事工作组织建设，加速健全国际赛事制度

成都以大众体育赛事作为国际体育赛事筹办的出发点，规划制定具有区域形象及特色的赛事政策，打造区域品牌赛事，以实现大众体育赛事的高质量发展为目标，借助大众体育赛事的开展来扩展国际体育赛事的引进。成都关注市民的参与度及地区特色赛事，提升区域赛事的影响力与曝光度，满足大众体育需求，进而提升大众体育赛事的办赛效率，全面提高赛事服务质量，助力体育

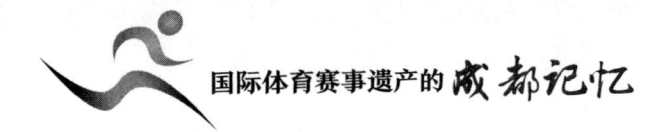

产业高质量发展的实现。

抓住国内体育竞赛表演行业发展的新生阶段，开展专业化的赛事运作企业、赛事经纪公司、体育广告公司、职业体育俱乐部、专业运动队、体育场馆管理中心、各类体育协会、运动项目管理中心等机构是竞赛表演业的核心部门。把握体育竞赛表演行业的赛事组织与策划的核心要点，制定差异化的竞赛表演业发展战略和规划，注重向竞赛表演业与体育产业共同发展与靠拢。建立竞赛表演业的区域品牌赛事，优化竞赛表演业发展结构，可以推动城市与国际赛事之间的联系。

第二节 国际赛事运行的空间保障

一、成都竞赛场馆科学化分布，推动城市国际赛事的发展

成都坚持秉承协调、创新、开放、绿色的发展理念，合理选择区域建设体育竞赛场馆。根据资源优势开发体育项目，既要为体育赛事筹办提供组织保障，又要为城市体育产业发展营造良好的环境。体育赛事的持续蓬勃发展离不开基础设备的支撑，完善体育赛事开展的场地和设施建设，是促进成都国际体育赛事发展的前提和基础。

体育产业从产业结构布局、空间布局和产业价值导向三个方面来导入，是城市筹办国际体育发展的战略支撑。首先，体育竞赛场馆结构布局要注重融合创新，把体育文化与城市区域特色文化、服务产业等聚集起来，为各类产业的发展开辟路径。发展以全民健身运动为核心，地域人文特色为延伸，融合旅游、娱乐等形式的消费市场，推动不同产业的发展与渗透，从而凸显体育竞赛场馆特点，促进城市产业结构的稳定。其次，体育竞赛场馆空间布局要与城市空间布局对接。发展体育运动要从城市空间的整体布局出发，做出系统的规划，有序拓展城市空间，将体育竞赛场馆和其他服务产业的属性融合起来。分析场馆建设选址区域的风俗特点，将各自区域内的餐饮、住宿、旅游和文化等特色与体育组合，形成"体育与旅游"或"体育与文化"的小团组空间模式，从而提升体育赛事在居民中的影响力。最后，产业价值导向要着重考虑布局规划。一是要确保体育竞赛场馆植根于城市居民健康体育运动服务体系中，使其得到充分发展的能量；二是要激活体育运动的社会服务功能，推行"开拓创

新，全民参与"的发展理念，为体育竞赛发展提供重要支撑。

场地是体育赛事举办的重要依托，政府支持与鼓励赛事场馆的打造，助力世界赛事名城建设，落实"以赛兴业，以赛谋城"的发展思路。设计相关赛事主题竞赛活动，通过媒体等渠道向居民宣传，丰富城市体育文化，激发居民的运动热情。充分挖掘城市资源特点，将赛事场馆建设与科学技术、先进设备、人才建设和社会服务等领域进行有效链接，提高国际赛事资源的利用率，开阔居民的眼界。把握世界赛事名城建设契机，以世界赛事名城为主题举办公益活动或体育竞赛来向居民展示体育运动的魅力，通过优惠折扣等营销手段来吸引消费者的目光，达到一传十、十传百的宣传效果，推动体育运动由小群体向大群体的逐步迈进。

二、成都社会体育产业发展，支撑国际赛事筹办

近年来，随着人民健身热潮兴起，成都社会体育产业发展迅速。据统计，2020年成都体育产业增加值为297.69亿元，较2019年增长15.06%，体育产业增加值占当年成都地区生产总值的1.68%。从体育产业内部结构看，2020年成都体育产业仍以体育服务业为主，体育服务业增加值为222.0亿元，占体育产业增加值的74.58%；体育制造业和建筑业发展趋势较好，2020年成都体育产业增加值分别为52.97亿元、22.71亿元，占体育产业增加值的17.79%、7.63%，较上年分别提高1.25%、3.56%[①]。成都体育产业的迅速发展带动人们从事体育运动，形成众多民间体育赛事组织。

成都大力培育成都马拉松等自主品牌赛事，高标准打造天府奥体公园、东安湖体育公园、凤凰山体育公园等场馆设施，持续开展社区运动节等全民健身活动，2020年成都国际体育赛事指数居全国第二位，公共体育服务满意度位居全国第一位，市民群众健康水平不断提高。

2021年10月28日，成都体育产业大会召开，会议主题为"新阶段·新机遇·新动能"。在"十四五"开局之年，聚焦成都世界赛事名城建设，探索既有区域特色又有国际影响力的发展道路，推动"办赛、营城、兴业、惠民"战略理念落地，为全国体育产业发展和重大体育赛事筹办激发新思维、探索新路径、凝聚新力量。

成都世界赛事名城建设战略为成都体育产业发展提供了新的机遇，也促使体育产业有望成为这座城市的支柱性产业，从而惠及更多人，让公园城市的幸

[①] 《2020年成都市体育产业总规模与增加值通告》，http://cdsport.chengdu.gov.cn/cdstyj/c135486/2021-12/02/content_4b9fa8cb81604e5ba67aefc2f050ccbf.shtml。

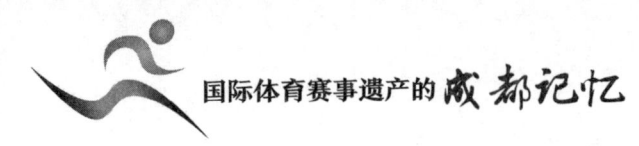

福感更上一层楼，同时也为国际体育赛事的筹办提供最直接的支撑。

三、成都城市建设加速国际赛高质量运行

大型国际体育赛事的举办必然涉及城市建设的推进，不仅要有现代化、高标准、高要求的体育场馆，同时还需要城市的交通、通信、旅游、餐饮及多媒体行业等方面共同支撑。在世界文创名城建设的视域下，打造世界赛事名城可对成都建设发展起到强力的助推作用。

为了更好地迎接和筹办国际体育赛事，成都集全城之力大力建设国际赛事的标志性建筑场馆，并对城市交通、环境等进行全面升级，仅国际性赛事体育馆就扩建众多。

国际赛事交通围绕建设公园城市示范区的新发展理念，立足"一带一路"和"长江经济带"建设交汇点，聚焦机场、铁路、高速路网和城市主干道建设。其中，东安新城段作为统筹骨架路网，连接双流机场和天府国际机场、大型交通运输场站和各个赛事场馆的重大交通廊道，构建赛事场馆交通直通网，保障赛事的顺利运行。

四川省提出成都世界赛事名城建设构想，着力将成都打造成为国际一流文创城市，在城市交通方面进行了全方位改建与扩展。首先，位于双流区的成都双流国际机场不断扩建，增设机场跑道，加速成都与世界之间的联系。其次，增建成都天府国际机场。成都天府国际机场是国内中西部地区最大的机场枢纽，它打通了我国中西部地区的国际通道，加强了我国中西部地区的国际联系，不仅推动了"一带一路"发展，也将成为中西部地区乃至国家发展的新动力源，形成了"一城多线"的交通网络体系。

成都天府国际机场作为4F级国际机场（如图5-1所示），可优化成都的城市功能，支撑城市的高质量发展与进步，提高成都这座城市在国际上的影响力与竞争力，让成都与国际接轨。机场全方位配备自助化设施，自主值机、安检、托运以及登记，做到了科技便民。成都天府国际机场高速公路，对内串联锦江区、天府新区、龙泉驿区、双流区、简阳市，成为西部高速公路主枢纽和成都经济圈的重要组成部分，打通成都向东、向南的交通体系；对外则指向构建国际性综合交通枢纽，成为城市交通门户窗口，拓宽成都连接欧洲的交通战略规划，形成成都双流国际机场和成都天府国际机场双机场"两轨三高四快"的快速连接综合交通体系。

图 5—1 成都天府国际机场

图片来源：《成都天府国际机场》，https://baike.baidu.com/item/％E6％88％90％E9％83％BD％E5％A4％A9％E5％BA％9C％E5％9B％BD％E9％99％85％E6％9C％BA％E5％9C％BA/16786886。

成都将保护城市生态环境作为可持续发展的重要一环，坚持"生态优先、资源节约、环境友好"这一基本宗旨，重点围绕治气、治沙、治水，实施严格的环境监管；结合城市实际情况，加强交通廊道绿化美化；合理开发水资源，积极推进城市水体提质及岸线环境整治，保护好城市重要水源地和生态屏障。

城市建设着眼"尊重自然、顺应自然、保护自然、因地制宜、科学合理"的生态目标，以驿文化为主线，通过"蓄塘成湖、留木成林、因势聚山、借渠引水"，串联林盘文化、竹文化、芙蓉文化、桃花文化等元素，着力打造一个以秀美的自然山水为基地、多元的文化元素为内涵、丰富的休闲活动为特色的开放型城市生态公园，并依托大熊猫国家公园龙门山片区、龙泉山城市森林公园等，着力打造具有天府文化特色的公园城市，提升城市幸福感。

成都将聚焦提高公园城市高品质，推进城市人居环境、生态环境系统和赛事公共服务的进步，保障国际赛事的高质量举行。

第六章　国际赛事非物质文化的活态传承

第一节　国际赛场上的篮球记忆

篮球运动起源于美国，由詹姆斯·奈史密斯博士于1891年发明并于1895年传入中国[①]。篮球运动是一项普及度高、群众基础好的运动，具有高空性、瞬时性、对抗性、多变性、主体性及观赏性等特征[②]。

一、篮球国际赛事举办记忆

（一）国际篮联三对三

国际篮联三对三系列赛事是国际篮联重点推出的篮球赛事，具有国际、尖端、时尚的赛事形象，在全世界拥有6.5亿爱好者。2017年，国际奥委会确认三人篮球成为2021年东京奥运会正式比赛项目，此后国内三人篮球运动发展迅速。国际篮联三对三大师赛是由国际篮联创办的唯一覆盖全球各大洲的世界巡回赛，成都也是国内三人篮球发展最快的城市。早在三人篮球尚未正式确认"入奥"之前，成都就前瞻性地看到了其发展前景。2015年12月，成都成功申办2017年国际篮联三对三U18世界杯。此后三对三篮球大赛纷至沓来。

1. 2016年国际篮联三对三成都挑战赛

2016年国际篮联三对三成都挑战赛是由国际篮联授权的一项国际篮球赛事，由中国篮球协会、成都市人民政府主办，来自俄罗斯、西班牙、荷兰、波

[①] 杨桦、姜登荣：《篮球运动的起源及其在中国初期发展的历史考略》，《成都体育学院学报》，1997年第1期，第31页。

[②] 杨桦：《论篮球运动的本质、特征及规律》，《成都体育学院学报》，2001年第4期，第60页。

兰、斯洛文尼亚、塞尔维亚、法国、日本等国家和地区的 11 支三对三代表队，中国的 5 支国内球队参加比赛。

2. 2017 年国际篮联三对三 U18 世界杯

2017 年国际篮联三对三 U18 世界杯于 2017 年 6 月 28 日至 7 月 2 日在中国成都环球中心举行。来自全球 37 个国家的男子组和女子组各 20 支参赛队伍。全部赛程为期 5 天，为全球观众上演了 128 场巅峰对决，此外还举行了男子扣篮大赛、女子技巧大赛以及混合投篮大赛三个单项赛事。该项赛事由国际篮联三对三 U18 世界锦标赛更名而来，此次在成都举办国际篮联三对三 U18 世界杯，既是更名后的首次亮相，也是首次在中国举办。相比于世界锦标赛，更名后的赛事名称更简洁有力，反映出赛事的全球影响力，更代表了三对三篮球的至高国际荣誉。

3. 2018 年"一带一路"国际篮联三对三成都国际挑战赛

2018 年"一带一路"国际篮联三对三成都国际挑战赛亮相成都。这也是成都市体育局为加快建设全面体现新发展理念的国家中心城市贡献体育的力量，通过三对三篮球项目与国际篮联展开战略合作，在引入国际篮联系列高端赛事的同时，着力打造的一个成都三对三篮球自创国际赛事。同年，成都制定了未来五年的"3+2"实施规划，把三对三篮球项目作为城市体育营销、打造城市体育新名片的重头项目，助推成都世界赛事名城建设。2019 年，国际篮联授予成都全球首个"国际篮联三对三金牌主办城市"荣誉称号。

4. 2019 年国际篮联三对三世界巡回大师赛（成都站）、国际篮联三对三女子系列赛

国际篮联三对三世界巡回大师赛创立于 2012 年，是唯一覆盖全球各大洲的世界巡回赛，这一赛事由多站世界巡回赛和一个总决赛组成，每站大师赛的前两名获得进入年度总决赛的资格，国际篮联三对三世界巡回大师赛为国际篮联三人篮球 A 级赛事，在世界排名前 30 名中甄选 16 支队伍参赛。国际篮联三对三女子系列赛为新增设竞赛体系，于 2019 年在全世界开展，由国际篮联选派 8 支国家队参加。这也是成都首次举办国际篮联的最高等级——十级赛事。

作为世界赛事名城建设的重要组成部分，国际篮联三对三世界巡回大师赛得到了越来越多球迷的关注和参与。成都也将继续推动高级别篮球赛事的持续举办，并将发展篮球运动和篮球产业作为开展全民健身运动、提升城市形象的重要载体，不断推动篮球运动的社会化、市场化进程，逐步将篮球打造成全民健身的热点运动、体育产业的亮点项目和城市形象的靓丽名片。

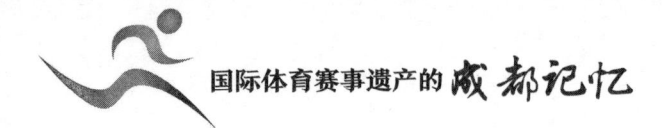

（二）北京世界华人篮球赛

北京世界华人篮球赛以全球华人为参赛邀请对象，以各地华人社团、商会、企业为组队基础，以集中赛会制为形式，以世界华人一家亲、共筑华夏中国梦为宗旨，倡导"竞技、参与、娱乐、健康"的理念。

1. 第 5 届北京世界华人篮球赛

第 5 届北京世界华人篮球赛于 2008 年 5 月 29 日至 6 月 3 日在成都举办，以"团结世界华人、共筑华夏辉煌、传承奥运精神"为宗旨，举办了迎奥运的篮球赛事和一系列丰富多彩的活动。比赛时间共 3 天，在龙泉驿体育馆、龙泉阳光体育城等八个场馆同时分组比赛。

2. 第 16 届北京世界华人篮球赛

第 16 届北京世界华人篮球赛于 2019 年 5 月 30 至 6 月 3 日在都江堰举行，全球华侨 60 余支队伍约 2000 人参加比赛。赛事期间，推出了系列以篮球为纽带的推广普及活动，举办千人篮球培训活动、篮球明星进校园、公益捐赠等活动，通过篮球互动、技巧表演、篮球教学、篮球交流等形式在市民中传播篮球运动文化，提升篮球爱好者技能，提高全民参与体育锻炼的积极性。

二、篮球赛事人才培养基地及大型篮球赛事场馆

（一）篮球赛事人才培养基地

四川金强体育训练基地坐落于成都温江，地处海峡两岸科技产业开发园区内，占地面积近 40 亩，距离温江城区 3 公里，紧邻温江金马体育城，餐饮及住宿条件优越，为宾客提供星级酒店的设施设备和服务，集餐饮、住宿、会议、体育休闲为一体。宾馆拥有标间 122 间，单间 12 间，贵宾房 2 间，共计 136 间，可同时满足 260 人的会议、住宿和用餐需求。宾馆内设有由金强集团斥资建成的两个国家级标准篮球训练场馆，共 12 个训练场地和力量房、桑拿房、理疗室等完善的配套设施。基地于 2015 年 1 月被国家体育总局命名为国家篮球四川金强体育训练基地，四川金强体育训练基地和东莞篮球学校 NBA 训练中心是仅有的两家挂牌"国家级训练基地"的篮球基地。

四川金强体育训练基地 2012 年接待了 NBL、WCBA 十多支队伍的集训。2013 年接待了 WCBA、CBA 篮球集训测试。2014 年接待了 U19 女篮集训，国家男篮夏训，四国男篮、女篮邀请赛，WCBA 集中测试，四川广电运动会等。2015 年接待了 CBA（南区）篮球队伍集中测试、全国青年女子篮球集训、

NBL 篮球队伍集训测试、全国青年男篮夏训、全国大学生超级篮球比赛等。2016 年接待了全国青年女篮冬训，全国青年男篮冬训，NBL 集训测试，教练员培训班，全国青年男篮夏训，CBA 体测，NBL 教练员培训班，CBA、WCBA 补测，CBA 青年男篮冬训等。2017 年接待了教练员培训班、全国 U16 比赛、NBL 队伍集训、国家 U18 三人篮球男女队、WCBA 队伍集训测试，承办了全运会女子成年组篮球预赛及全运会三人篮球青年组、公开组预赛等。2018 年接待了全国女子青年篮球队伍集训、国家 U18 女篮队伍冬训、金强之星少儿篮球比赛、NBL 队伍集训测试、国家三人篮球 U18 男女队集训、国家女青队伍集训、中国小篮球联赛西南大区训练营、WCBA 队伍集训测试、国家青年男女篮队伍集训等，承办了中国篮协青少部 U17 男子篮球预赛比赛。2019 年至今，基地接待了国青男女篮队伍冬训、NBL 队伍集训测试、中国女篮 U19 队伍集训、国家级裁判员培训班测试等，承办了全国第二届青年运动会女子篮球 U18 俱乐部组预赛、全国第二届青年运动会女子篮球 U18 体校组预赛、全国第二届青年运动会女子篮球 U18 体校组附加赛等。

（二）大型篮球赛事场馆（见表 6-1）

表 6-1 大型篮球赛事场馆

场馆名称	场馆简介	举办赛事名称
凤凰山体育公园冰篮球馆	凤凰山体育公园冰篮球馆，位于成都金牛区。凤凰山体育公园冰篮球馆是一座可容纳约 1.8 万人（15020 座固定座席＋3022 座活动座席）的综合体育馆，建筑面积约 5.5 万平方米。可承办顶级的篮球、冰球等室内赛事，篮球场符合 NBA 赛事标准，也可以转换为冰球场使用	"相约幸福成都"第 23 届中国大学生篮球一级联赛巾帼四强赛、爱成都·迎大运 2022 年成都市青少年篮球（中学组）锦标赛暨成都大运会竞赛演练
四川省体育馆	落成于 1989 年的四川省体育馆一直是成都的地标式建筑之一，位于成都市武侯区人民南路四段 8 号	承办过篮球、排球、乒乓球、羽毛球、体操、武术等各类综合性大型运动会，大型文艺活动，商贸活动及政府群众性集会

续表

场馆名称	场馆简介	举办赛事名称
电子科技大学清水河校区体育馆	电子科技大学清水河校区体育馆按国家甲级体育馆标准进行设计建造，有"中国钢结构金奖"和"建设工程鲁班奖"两大建设工程领域国家级奖项傍身。体育馆整体呈浑圆状，面积约 2.4 万平方米，场馆内比赛场地长 50 米、宽 30 米，设有 700 平方米篮球热身练习场	"相约幸福成都"第 23 届中国大学生篮球一级联赛巾帼四强赛、爱成都·迎大运 2022 年成都市青少年篮球（中学组）锦标赛暨成都大运会竞赛演练
青白江区文化体育中心体育馆	青白江区文化体育中心体育馆位于成都市青白江区凤祥大道与安居路交叉口，建筑面积 1.18 万平方米，主体一层，局部三层，场地尺寸 54 米×34 米，净高 29 米	"相约幸福成都"第 23 届中国大学生篮球一级联赛巾帼四强赛、爱成都·迎大运 2022 年成都市青少年篮球（中学组）锦标赛暨成都大运会竞赛演练
四川金强国际赛事中心	四川金强国际赛事中心项目位于成都市温江区，总建筑面积 16.22 万平方米，包含有 14000 座的大型甲级体育馆、4.2 万平方米配套商业及 4.5 万平方米地下停车场。体育馆按照国际顶尖标准设计建设，将成为四川首个 NBA 级别专业篮球场馆，未来可举办 NBA 中国赛等大型赛事。此外，项目采用了体育馆与商业综合体联通设计，同时地下室还将联通球馆附近的地下空间，引入成都地铁 17 号线，打造"以公共交通为导向的城市发展模式"（TOD），成为西南地区集体育赛事、运动休闲、大型演艺为一体的重要国际赛事中心	金强国际赛事中心建成后，将承接 CBA、WCBA 等体育赛事

第二节　国际赛场上的乒乓球记忆

在我国，乒乓球运动是深受广大群众喜爱的体育运动之一，具有广泛的群众基础。新中国成立后，乒乓球运动发展非常迅速，我国的乒乓球运动员也频繁出现在各个世界大赛中，取得了非常优异的运动成绩。

一、成都乒乓球国际赛事

（一）乒乓球世界杯赛

乒乓球世界杯赛由国际乒联创立，与奥运会乒乓球比赛、世界乒乓球锦标赛齐名，三者并称为世界乒乓球三大赛事。男子乒乓球世界杯于1980年创办，女子乒乓球世界杯于1996年创办，两项赛事每年举行一届。我国上海、广州等城市均举办过乒乓球世界杯。作为国际顶级赛事，乒乓球世界杯赛事规格高，参赛阵容豪华，具有广泛的影响力。只有获得世界三大赛事第一名的运动员，才能成为具有国际影响力的"世界冠军"。

1. 2018年国际乒联女乒世界杯赛

2018年女子乒乓球世界杯赛于2018年9月28日至30日在四川省体育馆举行。由全球排名前16及世界各大洲选拔的世界乒坛拔尖女子运动员参与。该项国际顶级赛事是2018年成都打造世界赛事名城中备受瞩目的国际体育赛事之一。

2. 2019年国际乒联男子乒乓球、女子乒乓球世界杯赛

成都2019年国际乒联男子乒乓球、女子乒乓球世界杯赛有来自26个国家和地区的200余名运动员、教练员和技术官员等参加。奥运冠军马龙、刘诗雯，世界冠军朱雨玲、樊振东，以及奥恰洛夫、波尔、平野美宇、张本智和等世界顶尖知名球员齐聚蓉城，角逐桂冠。这也是国际乒联时隔15年、继中国杭州后再次将两项赛事同时交由同一城市举办，也是2020年东京奥运会前国际乒乓球领域最高级别的单项赛事。在两项赛事举办期间，配套举办世界冠军进校园、进天府绿道以及"党报读者杯"系列乒乓球赛事等丰富活动，引领全民形成健身新风尚，给成都球迷提供近距离与奥运冠军、世界冠军亲密接触的机会。

（二）"一带一路"成都国际乒乓球公开赛

"一带一路"成都国际乒乓球公开赛是成都以国球为载体重点打造的、拥有自主知识产权的国际体育赛事。经过2017年至2019年连续三年的成功举办，已成为"一带一路"沿线国家和地区广泛参与、颇具影响力和竞争力的体育赛事。大赛主动融入"一带一路"发展倡议，以"丝路精神"推进"一带一路"沿线国家和地区体育文化传播、交流与发展，展示乒乓魅力。大赛同时也

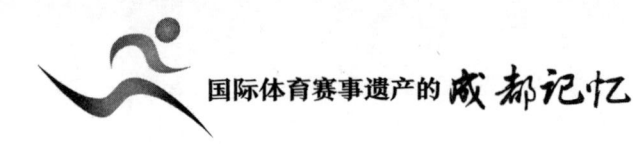

是提升荟萃天府文化的成都与"一带一路"沿线国家和地区交流合作紧密度的桥梁和纽带；通过倾力举办在"一带一路"发展倡议中颇具影响力的国际体育传统大赛，发挥赛事辐射带动作用，助推成都打造世界赛事名城，加快建设具有独特优势的西部文创中心、对外交往中心，努力建设全面体现新发展理念的国家中心城市的成都精品体育赛事。

1. 2017年"一带一路"成都国际乒乓球公开赛

2017年"一带一路"成都国际乒乓球公开赛正式参赛队伍主要由三大块构成：一是特邀国家代表队，由美国、法国、西班牙等国家和地区以联队形式参赛；二是国内"一带一路"沿线省区市的代表队，包含西安、重庆、兰州、新疆的代表队；三是在2017年7月初新津预赛中脱颖而出的24支队伍。该赛事为混合团体赛，吸引了"一带一路"沿线国家和地区200余名中外运动员参赛。

2. 2018年"一带一路"成都国际乒乓球公开赛

2018年"一带一路"成都国际乒乓球公开赛有200多名来自意大利、波兰、韩国、澳大利亚、马来西亚等"一带一路"沿线国家的乒乓球运动员同台竞技、切磋交流，助推"一带一路"建设；80多位来自美国、俄罗斯、德国、英国、印度、墨西哥、韩国、古巴等国家的专家学者、行业协会负责人、知名企业家代表，以及120余名来自高校、科研机构的充满朝气的青年代表，齐聚"体育经济与国际区域合作论坛"，交流思想，分享智慧。

3. 2019年"一带一路"成都国际乒乓球公开赛

2019年"一带一路"成都国际乒乓球公开赛采取"4站分站赛＋总决赛＋训练营"的形式展开。分站赛在成都邛崃市、四川绵阳市和贵州省举办3场，第4站在成都举行。从4站分站赛脱颖而出的24支队伍参与总决赛混合团体公开组的角逐。总决赛于2019年5月24日至26日在成都举行，并分为男子团体特邀组和混合团体公开组两个组别。总决赛团体特邀组吸引了20个"一带一路"沿线国家和地区的代表队与国内代表队同台竞技。

（三）国际乒联世界巡回赛中国乒乓球公开赛

中国乒乓球公开赛创办于1988年，设男子单打、女子单打、男子双打、女子双打、U21男子单打、U21女子单打6项比赛项目，曾在我国上海、广州、南京、苏州等城市举办。

1. 2014 年中国乒乓球公开赛

中国乒乓球公开赛是国际乒联世界巡回赛 6 站超级系列赛事之一，也是 2014 年在中国举办的唯一一站世界巡回赛。作为东道主，国家乒乓球队尽遣主力队员参赛，包括奥运冠军王皓、马龙、李晓霞、丁宁，世界冠军许昕、刘诗雯，以及川籍运动员朱雨玲等。赛事期间，还开展了乒乓球文化发展等系列展示活动和世界级选手进校园、进社区乒乓球互动活动。

2. 2015 年中国乒乓球公开赛

2015 年中国乒乓球公开赛于 8 月 5 日至 9 日在成都都江堰飞龙体育馆举行。与 2014 年相比，2015 年的赛事具有世界大牌球星多、赛事规格高、竞技水平和国际化水平更高等多个特点。这次比赛有 24 个国家和地区的 172 名运动员报名参赛。世界知名球员波尔、奥恰洛夫、萨姆索洛夫、福原爱、梁夏银参赛。中国队也选派最强阵容参赛，包括马龙、许昕等。

3. 2016 年中国乒乓球公开赛

2016 年中国乒乓球公开赛于 9 月 14 日至 18 日在四川省体育馆举行。比赛项目设男子单打、女子单打、男子双打、女子双打、U21 男子单打、U21 女子单打 6 项比赛。此次赛事吸引了 15 个国家的 100 多名运动员、教练员和技术官员前来，包括马龙、朱雨玲、陈梦，以及波尔、萨姆索洛夫、梁夏银等世界知名球员参赛。

4. 2017 年中国乒乓球公开赛

2017 年中国乒乓球公开赛于 6 月 20 日至 25 日在四川省体育馆举行，共有 25 个国家的 160 余名运动员、教练员和技术官员出席本届赛事，包括马龙、许昕、樊振东、丁宁、刘诗雯、朱雨玲，以及波尔、奥恰洛夫、平野美宇等世界知名球员。

（四）第 56 届世界乒乓球团体锦标赛

2019 年 4 月 22 日，在国际乒联代表大会上，成都成功获得 2022 年第 56 届世界乒乓球团体锦标赛的主办权。后由于新冠肺炎疫情，经与中国乒乓球协会和成都市有关部门的密切磋商，国际乒联决定将原定于 2022 年 4 月举行的世界乒乓球团体锦标赛延期至 2022 年 9 月 30 日至 10 月 9 日举行。第 56 届世界乒乓球团体集锦标赛在 2022 年 9 月的成都成功举办，这是继 2022 年北京冬季奥运会和冬季残疾人奥运会后，在中国举行的又一项国际顶级赛事。10 月 9 日晚，在成都高新区体育中心随着男团决赛的最后一拍落定，2022 年第 56 届

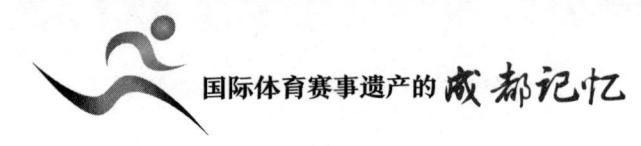

世界乒乓球团体锦标赛正式落下帷幕。

二、举办大型乒乓球赛事对成都的影响

乒乓球是中国的"国球",成都历来重视乒乓球运动的普及和推广,沉淀了深厚的乒乓球文化和群众基础,在国际重大赛事引进和执行、自主品牌赛事打造、竞技体育人才培养、国际交流培训、全民健身组织、体育产业发展方面都取得了丰硕的成果。近年来,成都举办了一届男子乒乓球世界杯赛、三届女子乒乓球世界杯赛、三届"一带一路"成都国际乒乓球公开赛,2014 年至 2017 年连续 4 年成功举办国际乒联世界巡回赛中国乒乓球公开赛,并且在 2016 年度击败众多竞争城市,获得国际乒联颁发的"最佳赛区"殊荣。2019 年,面对全球竞争压力,成都从众多申办城市中脱颖而出,成功取得 2022 年第 56 届世界乒乓球团队锦标赛的举办权。举办国际乒乓球赛事促进了成都体育硬件设施的完善,为打造世界赛事名城打下了坚实的基础。对成都而言,世界乒乓球团队锦标赛是成都建设世界赛事名城的重要里程碑,而后还将开启系列国际赛事,不断将赛事的流量转化为城市发展的强劲势能,将体育产业澎湃发展的动能转化为市民可感可及的宜居活力。

三、乒乓球赛事人才培养及大型乒乓球赛事场馆

(一)乒乓球赛事人才培养

1. 全球 12 家国际乒联高水平培训中心之一——中国乒乓球协会西部国际培训中心

国际乒联一直致力于乒乓球的推广和普及,在这一方面成都也一直走在全球前列。2006 年 7 月,经国家体育总局乒乓球羽毛球运动管理中心批准,以成都市乒乓球运动管理中心、成都市全国重点乒乓球运动学校为依托,中国乒乓球协会西部国际培训中心设立,成为中国乒乓球队训练基地,并且获评"国家高水平体育后备人才基地"。中国乒乓球协会西部国际培训中心坐落在成都市金牛区九里堤北路,占地 250 余亩,三面环水,环境优美。2015 年,该中心被国际乒联批准评级为"国际乒联高水平培训中心",全球共有 12 家乒乓球训练基地享此殊荣。"国际乒联高水平培训中心"系国际乒联 2015 年推出的一项评级政策,旨在促进全球各地乒乓球训练基地提高训练水平,加强国际交流与合作。

2. 中国乒乓球队备战世界大赛的大本营——成都

国际乒联和中国乒乓球协会联合向一座城市颁奖，这在乒乓球运动的历史上尚属首次。成都在乒乓球项目上拥有众多国际级、国家级品牌荣誉基地，依托各基地，成都培养输送了中国乒乓球首个奥运冠军陈龙灿，以及世界冠军邱贻可、朱雨玲等优秀人才，多次承接了国家乒乓球队备战世界三大赛封闭集训、国内外高水平运动队训练交流。成都已连续10多年承接中国国家乒乓球队备战奥运会、世界乒乓球锦标赛等封闭集训，多次受到中国乒乓球协会的表彰。

（二）大型乒乓球赛事场馆

国际级乒乓球赛事的成功举办极大地促进了成都在赛事举办方面硬件设施的建设与发展，其中也包括大型体育场馆的建设与完善等（如表6-2所示）。

表6-2　大型乒乓球赛事场馆

场馆名称	场馆简介	举办赛事名称/功能
成都高新区体育中心	成都高新区体育中心是成都大运会和世界乒乓球锦标赛的重要比赛场馆之一，由多功能体育馆、全民健身馆、服务中心等部分组成，也是成都市"三城三都"建设、营商环境提升的重要载体	第56届国际乒乓球联合会世界乒乓球团体锦标赛（决赛）
成都市全国重点乒乓球运动学校	该校与中国乒乓球协会西部国际培训中心合署办公，可开展乒乓球和羽毛球两个体育项目的比赛、训练和活动。体育馆分为训练馆（位于一楼）和比赛馆（位于二楼），面积各3000平方米，其中比赛馆附带1200个观众席位	承接中国国家乒乓球队集训，承接国际、国内其他省市乒乓球运动员训练，组织和承办国际、国内大型乒乓球比赛和活动，代表成都进行乒乓球项目国际交流与合作，为国家培养和输送乒乓球高水平后备人才
四川省体育馆	四川省体育馆位于成都市武侯区人民南路四段8号，占地面积42300平方米，总建筑面积约2.85万平方米，场地尺寸54米×31米，场地净高14米	承担国内、国际篮球、排球、手球、网球、羽毛球、乒乓球、体操、技巧、健美、艺术体操、拳击、击剑、摔跤、举重、武术等体育竞赛

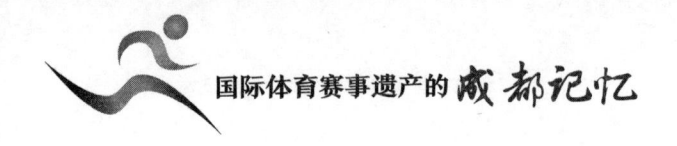

第三节 国际赛场上的足球记忆

足球运动对抗性强,运动员在比赛中采用规则所允许的各种动作包括奔跑、急停、转身、倒地、跳跃、冲撞等,同对手进行激烈的争夺。足球运动比赛时间长、竞赛场地大,是其他运动项目所不及的。关于足球运动的起源一直有两大基本说法:古代的足球(足球游戏)起源于中国,现代足球运动则起源于英国。国际足联 2004 年正式确定:足球起源于中国,中国古代的蹴鞠就是世界上最早的足球运动[①]。成都一直以来都是中国足球西部重镇,拥有丰厚的足球底蕴,当年的"雄起"之声从这里叫响大江南北。

一、足球赛事记忆

(一)世界杯

国际足联世界杯(FIFA World Cup),简称世界杯,由全世界国家级别球队参与,是世界范围内具有最大知名度和影响力的足球赛事。世界杯每四年举办一次,任何国际足联会员国(地区)都可以派出代表队报名参加这项赛事。

成都赛区作为 2007 女子足球世界杯的五大赛区之一,承接了美国、朝鲜、尼日利亚和瑞典这一"死亡之组"的小组赛。除此之外,澳大利亚和加拿大、英国和阿根廷的小组赛也在这举行。

(二)甲 A 联赛

中国足球甲级 A 组联赛的正式全称为全国足球甲级队 A 组联赛,简称甲 A 联赛或者甲 A,曾是中国足球的顶级联赛。联赛于 1989 年成立,1994 年开始职业化,至 2003 赛季结束后改制为中国足球协会超级联赛。

1994 年 4 月 17 日,第一届职业甲 A 联赛在 6 个赛场开战,揭幕战在成都举行。赛事在四川全兴队和辽宁远东队之间展开,约 15 万人观看了首轮比赛,这对推动中国体育市场化具有划时代意义。

---

① 龚智敏:《关于足球运动起源之新论》,《体育与科学》,2007 年第 7 期,第 19 页。

（三）中超联赛

中国足球协会超级联赛，简称中超或中超联赛，是中国最高级别的职业足球联赛，其下级联赛分别是中国足球协会甲级联赛、中国足球协会乙级联赛及中国足球协会会员协会冠军联赛。中超联赛始于2004年，前身为1989年成立的中国足球甲A联赛，由中国足球协会组织。

四川全兴队、四川冠城队、成都谢菲联队都曾是中超联赛球队。2022年1月，成都蓉城队升入中超联赛。

（四）亚洲杯

1. 2004年男足亚洲杯

亚足联亚洲杯（AFC Asian Cup，简称亚洲杯）是由亚洲足球联合会主办的国际性足球比赛，为亚洲水平最高、影响力最大的足球赛事。亚洲杯每四年举办一次，亚足联成员均可参赛。成都龙泉驿区专用足球场是2004年男足亚洲标成都赛区的比赛场地。

2. 2010年女足亚洲杯

女足亚洲杯（AFC Women's Asian Cup），前身是亚洲女足锦标赛（AFC Women's Championship），2006年改此名并增设资格赛。2010年5月19日—5月30日，第16届女足亚洲杯在成都举行。

（五）熊猫杯

"熊猫杯"国际青年足球锦标赛，简称"熊猫杯"，是中国足球协会为锻炼青少年队伍，在国内为男女各级国家队和青少年打造的高质量国际品牌赛事和精品赛事。

"熊猫杯"赛事官方Logo以中国龙、熊猫和奥运五环标志为主体元素，其中中国龙经过艺术加工，变为人踢球的姿态，展示运动风貌，底纹中的龙纹，又是中国文化的体现；熊猫表示"熊猫杯"国际青年足球锦标赛在四川成都举办，示意友好欢迎八方来客；奥运五环五彩的运用则是传承了奥运会活力进取的拼搏精神。

1. 2014年"熊猫杯"国际青年足球锦标赛

首届赛事于2014年6月4日—6月8日在成都双流体育中心举行，有来自中国、巴西、克罗地亚、新西兰四支U19国家青年队参赛。赛事期间，主

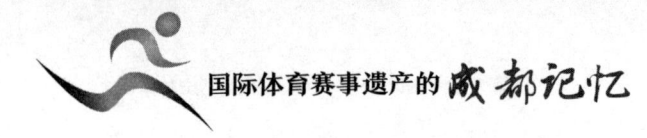

办方还组织参赛球员走进成都各社会球场青训营参加青少年足球培训活动，与青少年足球教练员、球员交流足球经验，进行训练、比赛、互动，使成都青少年球员有机会近距离感受国际高水平青年球员的风采，增强其参与足球活动的积极性，推动青少年足球的开展。

2. 2015 年"熊猫杯"国际青年足球锦标赛

2015 年"熊猫杯"于 2015 年 6 月 24 日—6 月 28 日举行，吸引了中国、日本、斯洛伐克、吉尔吉斯斯坦四支 U19 球队参赛。第二届"熊猫杯"也继续沿用组织参赛球员走进成都各社会球场青训营参加青少年足球培训活动这一形式，借世界知名球队参赛的机会，邀请参赛队所属足协技术负责人及法国、西班牙、葡萄牙等相关俱乐部青训专家，围绕青少年足球发展动态、认识、理念等进行演讲交流。同时组织国内各地协会、职业俱乐部相关人员、本地区协会技术人员、培训机构及校园足球教练员参加学习、交流并观摩比赛。

3. 2016 年"熊猫杯"国际青年足球锦标赛

2016 年"熊猫杯"于 2016 年 6 月 15 日—6 月 19 日举行，共有中国、日本、克罗地亚、捷克四支 U19 球队参赛。此届赛事组织有序、保障有力，受到赛事组委会及参赛球队的高度评价，赛事影响力进一步提升，近 2 万名球迷在现场观看比赛，促进了成都体育产业的发展，带动了体育及相关产业。

4. 2017 年"熊猫杯"国际青年足球锦标赛

2017 年"熊猫杯"国际青年足球锦标赛于 2017 年 5 月 17 日—5 月 21 日在成都双流体育中心举行。斯洛伐克、匈牙利、伊朗以及中国国青 U19 球队参赛。"熊猫杯"是由中国足球协会、成都市人民政府、成都市足球协会共同倾力打造的一项极具国际影响力和观赏性的高端国际青年足球赛事，旨在提升成都的国际知名度和影响力，创造更好的足球氛围，引进先进的足球理念和青训体系。而作为"熊猫杯"国际青年足球锦标赛打造的项目——"熊猫杯"国际青少年足球发展研讨会也在 2017 年迎来第四届，邀请了参赛国技术专家、中国国家女足主教练、成都市足球协会技术总监等技术专家共聚交流，对足球人才培养计划、精英青少年球员培训、女子足球的发展状况等方面进行专题研讨。

5. 2018 年"熊猫杯"国际青年足球锦标赛

2018 年 5 月 23 日，2018 年"熊猫杯"国际青年足球锦标赛在成都双流体育中心拉开战幕。第五届"熊猫杯"参赛球队整体实力可谓史上最强。中国国青队先后击败匈牙利队、英格兰队、乌拉圭队，以三连胜佳绩获得 2018 年

"熊猫杯"的冠军,这是中国 U19 队首次获得"熊猫杯"冠军。

6. 2019 年"熊猫杯"国际青年足球锦标赛

2019 年"熊猫杯"国际青年足球锦标赛于 2019 年 5 月 25 日—5 月 29 日在成都双流体育中心举行。赛事期间邀请了亚足联技术部行政主管、教练员培训项目发展官员、亚足联参赛国技术专家及中国足协技术总监、法国足协技术代表、里昂俱乐部技术代表等国际一流技术专家等共聚交流,就足球人才培养、精英足球框架体系建设、球员成长、女子足球发展要点等专题进行研讨。

二、举办大型足球赛事对成都的影响

承办大型赛事能够很好地展现城市面貌,彰显地方特色,宣传城市文化。以"熊猫杯"为例,熊猫是中国的国宝,是成都的象征,"熊猫杯"很容易让人联想到成都,也会让不了解成都的人知道,成都以熊猫而闻名。同时,举办青年国际足球赛事,能够搭建青少年足球交流的有效平台,加快与世界足球发达国家接轨的步伐。

"熊猫杯"的成功举办,在对外宣传成都,展现成都国际化、现代化城市形象,打造成都乃至全国的世界赛事名城方面发挥了积极的作用。"熊猫杯"国际青年足球锦标赛的举办,将有力地推动中国足球的国际交流,提高成都乃至中国足球运动技术水平。

三、大型足球赛事场馆(见表 6-3)

表 6-3 大型足球赛事场馆

场馆名称	场馆简介	举办赛事名称
成都体育中心	成都体育中心位于成都市人民中路一段 11 号,地处成都市繁华商贸中心,占地 140 亩,足球场能容纳 4 万多观众	全国足球甲级联赛等
凤凰山体育公园专业足球场	凤凰山体育公园的"一场"指的是按照 FIFA 标准建设的专业足球场,能同时容纳 6 万名观众,可承接国际顶级足球赛事和国内顶级足球联赛	2023 年第十八届亚洲杯足球赛
成都龙泉驿专用足球场	成都龙泉驿专用足球场是亚洲杯足球赛成都赛区赛场,是继上海虹口专用足球场、天津泰达大球场之后,我国第三座专用足球场,也是我国西部第一座专用足球场,可容纳观众 3 万人	2004 年第十三届亚洲杯足球赛

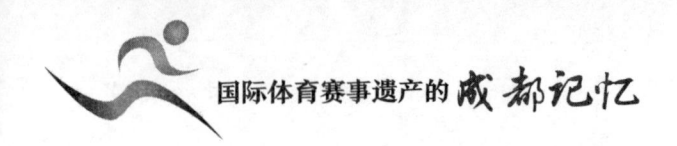

续表

场馆名称	场馆简介	举办赛事名称
城东体育公园	城东体育公园是目前成都市三环内最大的足球主题公园，足球功能区占地 120 余亩，包含 1 片五人制足球场、1 片 8 人制足球场、1 片标准 11 人制天然草坪足球场（带看台、功能房）以及 1 片标准 11 人制人造草足球场	2021 赛季中国足球甲级联赛第四阶段（成都赛区）
成都双流体育中心	双流体育中心坐落于成都市双流区白河路延伸段，是双流区重要标志性建筑，建成于 2008 年 7 月。体育场主看台钢结构跨度 285 米，有 100 平方米大型显示屏，400 米×8 塑胶跑道天然草坪标准运动场，2.6 万标准观众座椅，3000 平方米商铺，34 个标准间运动员公寓。可承接国内顶级足球赛事	女足亚洲杯、历届"熊猫杯"国际青年足球锦标赛

第四节　国际赛场上的世界警察和消防员运动会记忆

一、世界警察和消防员运动会简介

世界警察和消防员运动会于 1985 年以美国加州警察田径联合会为基础创建，是以城市为申办主体，由全世界警察和消防员参加的大型综合性运动会。

作为一个非营利组织，世界警察和消防员运动会的创办目的是增强警察和消防员的身体素质，比赛以"团结、拼搏、增强体质"为宗旨，比赛项目包括足球、乒乓球、游泳、射击等常规体育项目以及警察和消防员专项体育项目，共计 58 大类百余项。从参赛对象来看，无论是在职还是退休的警察或消防队员均可参赛，海关和安全警卫队等执法部门职员也可报名参加。现今，每一届世界警察和消防员运动会的举办都能吸引世界各地上万名的国际运动员代表人士及运动员家属、数千名海内外各国志愿者人员等共同参加，已经发展成为一个总参赛人数规模仅次于奥运会的国际性综合大型军警体育赛事盛会。

第 18 届世界警察和消防员运动会的举办权交接棒传递到了成都这座天府之国手中，于 2019 年 8 月 8 日至 8 月 18 日在成都 9 个区县的近 30 个场馆内举行。作为亚洲第一个举办世界警察和消防员运动会的城市，成都拥有淳朴的风土人情及一流的场馆设施，完全有能力和条件办好世界警察和消防员运动会。事实证明，成都将这次有史以来举办过的规模最大、国际化水平最高的综合性体育赛事安排得较为完美。对于成都而言，世界警察和消防员运动会的成功举办让这座千年古都再次向世界展现了其致力打造高标准、现代化、国际化"赛事名城"的梦想，让成都以"赛事名城"的形象走向了世界。

在为期十天的比赛中，成都给来自世界各地的运动员、裁判员们留下了美好的印象。在整整十天的紧张比赛和集训期间，运动员和裁判员一次又一次热烈地给予了东道主成都高度的赞扬和充分认可。运动员们在赛场上激烈竞争，6000多名志愿者和赛事交通、安全保障、医疗、语言传译等机构众多专业工作保障人员每天则奋战在各个重要赛场的每一个角落，他们彼此积极协作、相互支持配合，确保了整个赛事的顺利高效进行，为成都世界警察和消防员运动会的成功举办做出了重要贡献。在比赛之余，运动员与家人朋友走上成都街头与各旅游景区，切身感受成都的友好与热情，享受着天府之国的时尚与包容。

二、成都世界警察和消防员运动会上的珍贵瞬间

2019年夏天的成都注定成为无数人共同的美好记忆。一届世界警察和消防员运动会，无数忆难忘。优异的成绩在这里诞生，珍贵的友谊在这里启航。

（一）世界警察和消防员运动会首金诞生在"最美赛道"

2019年8月9日，成都世界警察和消防员运动会的首场比赛——半程马拉松在青城前山新山门开跑，这条赛道是成都有名的熊猫绿道，连接世界文化遗产和世界自然遗产，享有"最美赛道"的美誉。

成都世界警察和消防员运动会在美丽的青城赛道诞生了多个首金，留下了难忘的赛场回忆。不仅是中国运动员，国外的运动员们同样对这条"最美赛道"赞不绝口。

（二）通过比赛收获宝贵友谊

正是通过世界警察和消防员运动会，来自世界各国的警察、消防员以及执法机构工作人员才能够齐聚一堂，建立联系，并通过比赛建立了深厚的友谊，这也是世界警察和消防员运动会能够保持活力并且持续进步的重要原因。

同一份使命、同一个梦想，体育和竞技的拼搏精神，消防和救援的同袍之谊，让全球各地的警察和消防员不远万里相聚中国成都，大家大赛场上是对

手，在场下则成了朋友。国际友谊林则成为各国运动员们珍贵友谊的象征。

（三）运动员超越自我，成就精彩人生

在世界警察和消防员运动会的赛场上，没有明星运动员，每个运动员都是生活中的普通人，但他们用坚忍的意志、拼搏的汗水，实现了自我超越，成了赛场上最亮的星。

（四）享受比赛，留下美好回忆

赛场上，运动员们总是以追逐奖牌为目标，但如果眼里只有奖牌，那体育带来的快乐会少很多，带着享受比赛的心态，往往会得到更多。

在世界警察和消防员运动会的赛场上，他们把享受比赛、结交朋友放在第一位。赛场也给予了他们回馈：友谊的小船在这里起航，暖暖的记忆在心里珍藏，而这些已经超越了比赛本身。

（五）运动员感受成都的热情

在世界警察和消防员运动会期间，成都街头热力四射，天气热，比赛热，活动热，但更热的是四方宾客感受魅力成都的心。

对于成都，他们纷纷发出感慨：爱上魅力成都只需要一天。

（六）闭幕式圆满结束

2019年8月18日，第18届世界警察和消防员运动会在成都世纪城新国际会展中心落幕，为本次赛事画上了圆满的句号。伴随着欢快的音乐，一群萌萌的"熊猫"在舞台上开始了《熊猫抱抱》表演，拉开了世界警察和消防员运动会闭幕式的帷幕，世界警察和消防员运动会主题曲《欢乐与荣耀》的再次唱响，则将闭幕式的现场气氛推向了高潮。

第五节 国际赛场上的成都马拉松记忆

一、成都马拉松简介

成都马拉松始办于2017年（原名"成都国际马拉松"，2019年更为现

名），是由中国田径协会与成都市人民政府共同主办的马拉松赛事。秉持着"成都跑向世界，世界跑进成都"的赛事主题，成都马拉松在赛事设立之初便专注于倾力打造中国西部影响力规模最大、辐射面最广、最具市场欢迎度的品牌和中国赛区最具影响力的国际代表性马拉松赛事。

作为中国马拉松序列中新兴的西部标志，成都马拉松赛主要以中国田径协会金牌和国际田径联合会金标的"双金"为标准进行打造，在竞赛项目上，成都马拉松主要分为全程马拉松（42.195km）、半程马拉松（21.0975km）和欢乐跑（6km）三个大项。

自2014年国务院推出"放管服"政策之后，中国马拉松赛事进入高速发展期，5年里翻了40倍，可以用"井喷"来形容大众的马拉松热潮。在如此大背景下，成都国际马拉松在2017年创办之初便备受关注。首届成都国际马拉松以展示成都现代、时尚、繁荣的都市形象，推动成都西部对外交往中心和文创中心建设为办赛宗旨。第一届成都国际马拉松赛便成了我国西南地区规模最大的马拉松赛，来自世界各地的35个国家和地区的2万余名跑友参加了该届赛事，比赛当天央视体育频道进行了全程直播。

第二届成都国际马拉松赛于2018年10月27日举办，本届赛事由万达体育作为独家运营推广单位，开启了成都马拉松赛事的新篇章。第二届成都国际马拉松赛的影响力持续提升，仅报名人数就超过了5万人，赛事规模达到2.8万人，主办方也对赛道进行了重磅升级，将成都千年的历史文化氛围融入了赛道之中，彰显出了独特的"成马文化"。在"2018最具影响力马拉松赛事排行榜"TOP100的评选榜单上，2018年的第二届成都国际马拉松赛名列第18位[①]。

2019年，"成都国际马拉松"正式更名为"成都马拉松"，赛事规模增加至3万人，报名人数达到9.7万。也是在这一年，成都马拉松正式成为世界马拉松大满贯联盟的候选赛事，这是中国首个被提名的候选国家马拉松赛事，这无疑进一步扩大了成都马拉松的世界影响力。此外，成都马拉松在项目上新设立了竞速轮椅项目，为该项目运动员提供了展示自我的全新舞台。成都马拉松也成了中国唯一一个由国际A级丈量员丈量赛道的城市马拉松，其在赛事组织、选手服务等方面获得了大满贯联盟主席蒂姆·哈兹玛的高度评价。这一年的成都马拉松赛则跻身"2019年最具影响力马拉松赛事排行榜"TOP100赛

---

① 王超、杨磊：《"2018最具影响力马拉松赛事排行榜"TOP100发布》，http://sports.people.com.cn/n1/2019/0118/c424980-30577580.html。

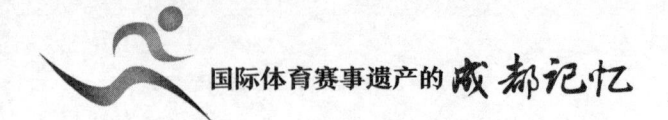

事第 10 名；同时在中国田径协会公布的《中国田径协会关于公布 2019 中国马拉松等级赛事及特色赛事评定结果的通知》中，成都马拉松获评金牌赛事。

2020 年受新冠肺炎疫情的影响，第四届成都马拉松的赛事规模缩减至 10000 人，且全部改为全程马拉松项目。虽然该届成都马拉松的规模较往年大幅缩减，但参赛阵容基本由马拉松高手组成，赛事整体水平只增不减。

2021 年成都马拉松报名人数突破 3.5 万人，但受疫情影响成都马拉松官方微信宣布比赛取消，同时以线上的方式开展比赛，活动方式是通过目标组别，单次或多次跑步累积完成目标值，就能获得奖牌和纪念品。

2022 年 11 月 20 日 7 时 30 分，以"乐跑公园城市　品味千年烟火"为主题的 2022 年成都马拉松于金沙遗址博物馆起跑。全面、安全、精细、暖心的赛事服务，也让赛事收获了更多跑者的好评。未来，成都马拉松将继续提升专业化程度和服务保障水平，持续提升赛事影响力，助力世界赛事名城和体育强国建设。为了保障赛事的顺利进行和选手参赛安全，成都马拉松组委会与各级各部门通力协作，以高效统筹疫情防控与经济社会发展为出发点和落脚点，全面统筹赛事侧与城市侧，在赛事筹备、实施组织、疫情防控、医疗保障、赛事服务等各环节压紧压实各方责任，为参加赛事的跑者提供精心细致服务，本次赛事的成功举办，展示了成都的办赛水平与能力。

2017 年至今的短短几年里，成都马拉松已经成为中国首个世界马拉松大满贯候选赛事，赛事规模、赛道设计、赛事奖金、赛事国际化标准等方面全面升级，成为马拉松赛事序列中的新兴力量。此外，从成都马拉松中还可以发现独属于成都的"痕迹"，感受其处处体现出的天府之国成都的历史文化，成都马拉松在对我国马拉松项目的未来发展格局产生重要影响的同时，也成了将成都推向世界的重要文化窗口。未来的成都马拉松还需继续努力，向更高的"国际标准"看齐，实现成绩突破，打造专业赛事，凸显国际水准。政府与企业还需通力合作，为将成都马拉松打造成世界马拉松大满贯的正式一员而不懈努力。

二、成都马拉松的点点滴滴

（一）成都马拉松 Logo 彰显城市底蕴

2017 年首届成都国际马拉松赛事的 Logo 是一只憨态可掬的熊猫跑向成都文字的动态图案，代表了"成都跑向世界，世界跑进成都"，整体图形选择了跑者冲刺到终点撞线的精彩瞬间，寓意了成都马拉松精彩胜利的内核。熊猫身后的彩带衍生为跑道图形，代表马拉松的精彩竞技过程。彩带的红、蓝、橙分别代表了成都辣椒红、科技蓝、活力橙，彰显城市的热情、创新和活力。

2018年第二届成都马拉松的赛事Logo在第一届的基础之上稍作改动，背景色由第一届的白色换为了蓝色，但仍沿用了红、蓝、橙的三色彩带。值得关注的是，本届成都马拉松的奖牌设计可谓别出心裁，除了将奖牌按照全马、半马、欢乐跑三大项目设计为不同类型的可旋转式奖牌，设计者还在其中结合了大熊猫、太阳神鸟和川剧脸谱等成都元素，别具匠心地体现了成都特色。在奖牌正面，完美结合了国宝和川剧脸谱，一张川剧脸谱，转一转就变成了憨态可掬的大熊猫，在奖牌上形成强烈的反差，显得更有趣味。而奖牌背面的设计灵感则来自成都的城市形象标识"太阳神鸟"图腾，四只神鸟围绕着成绩镌刻浮雕字样，铭刻出完赛瞬间。而下半部分的印刻铭牌用以刻下跑者的姓名，使得奖牌同时具有仪式感和画面感。此外，为了区分全程马拉松、半程马拉松、欢乐跑三个不同里程的奖牌，成都马拉松组委会还用了不同复杂程度的工艺进行区别。全程马拉松完赛奖牌颜色为金色，半程马拉松完赛奖牌颜色以古锡金属色呈现，欢乐跑完赛奖牌的熊猫与脸谱则以平面烤漆呈现。2019年及2020年两届成都马拉松的Logo及奖牌设计同样融入了国宝熊猫以及都市风貌等特有成都元素，充分彰显了成都的城市底蕴与文化魅力。

2021年是成都马拉松五周年，为了纪念这个重要的时间节点，成都马拉松组委会专门为成都马拉松五周年设计了全新的Logo，较往年的Logo做了较大的改动，其主色调沿用了一贯的成马蓝，主体部分的"2017—2021"数字则表明成都马拉松已走过了五年时光，其主体数字"5"的下半部分依旧是经典的太阳神鸟形象，彰显了成都的悠长历史和厚重的城市底蕴。整个Logo的画面核心是一只奋力攀爬的熊猫，代表了成都马拉松不断前进，向着更高点攀登。"一往无前"的四字标语更彰显着成都马拉松继续发展，不断迈上新台阶的决心与勇气。

（二）比赛线路与人文景观的完美契合

在第一届成都马拉松之后，2018年成都马拉松线路规划便充分结合了成都的地方人文特色，在赛道上做出调整，将第二届成都国际马拉松赛事的起点设在金沙遗址博物馆东门。作为古蜀文明的重要起源之一，金沙遗址博物馆是成都千年历史文化发展的结晶，是成都悠久历史文化的重要代表。而终点则根据各赛事类型下各自赛道的具体特点划分在不同的场合，其中全程马拉松的终点为成都世纪城新国际会展中心，半程马拉松的终点为天府国际金融中心，欢

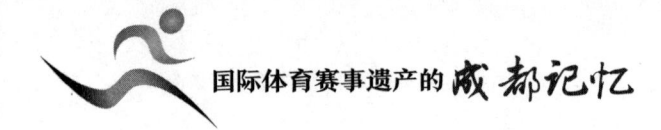

乐跑终点为成都市文化公园。在赛道设计上，成都马拉松将天府文化作为设计核心，新增了杜甫草堂、人民公园、天府广场等成都的城市地标性建筑，将成都的国际化、人文化、休闲化等具有现代与历史文化底蕴的特色建筑与巴蜀秀美风貌的赛道串联起来，更加彰显出成都的历史底蕴和国际范儿。除了巴蜀文化的融入，在比赛线路的整体规划上，成都马拉松同样下足了功夫。2019年8月，国际A级丈量员亲赴成都进行赛道丈量，对2019年成都马拉松路线进行规划研讨，尽可能多地减少连续绕弯、折返和急弯，并减少隧道、桥梁等线路，以提高跑者的运动体验，使他们在比赛中可以畅通无阻。

（三）体育旅游与巴蜀文化的有机融合

以举办成都马拉松系列赛事为契机，将成都马拉松赛事IP打造成成都的体育旅游品牌，并将体育旅游业与巴蜀文化有机融合，是成都马拉松未来发展的重要方向之一。如今的成都正在加快建设世界文创名城、世界赛事名城、世界旅游名城和国际美食之都、国际音乐之都、国际会展之都的"三城三都"，体育旅游与本地文化融合发展的概念在建设过程中得到了大力的推广与传播。对于成都马拉松而言，体育旅游资源的挖掘进一步增加了成都马拉松的影响力，有利于吸引世界各国的马拉松爱好者及专业运动员来此参赛。同时，美食、历史等带有巴蜀文化符号的印记也在成都马拉松的举办过程中得到了推广，进一步丰富了成都马拉松赛事发展模式，实现了马拉松赛事与文化、旅游的相互渗透与合一。

（四）赛道线路中的城市文明

作为成都近几年兴起的重要国际性赛事，成都马拉松的举办代表了成都渴望向全国乃至全世界展示其城市形象的心愿。作为现代马拉松魅力体验的重要因素，其赛道设置一直以来备受关注，一条完美的马拉松赛道更能使跑步者及观众感受到城市的人文精华与历史文化。

2018年成都国际马拉松赛道进行了全面的升级，全新规划途经站点，其路线途经了金沙遗址博物馆、九眼桥、四川大学、天府国际金融中心、成都演艺中心、环球中心、天府绿道、桂溪生态公园、成都世纪城新国际会展中心等成都地标性建筑，其中既有"老成都"的蜀风雅韵，又有现代成都的朝气与活力。

在起点的安排上，设计者们更是别出心裁地选择了最能代表成都历史文化的著名景点金沙遗址博物馆。作为古蜀王国的都邑，金沙遗址是公元前12世纪至公元前 7 世纪长江上游古代文明的中心，遗址内商周及春秋时期的重要文物距今已有数千年的历史。2007 年，金沙遗址博物馆在金沙遗址原址建成开馆，多年来向世人展示着神秘的古蜀文化及其独特的青铜文明。可以说，金沙遗址的发现，将成都的城市文明及发展历史提前了 3000 多年，是最能体现成都"古都"特色的重要名片，也因此被视为成都史的开端。将金沙遗址博物馆设为成都马拉松的起点，有着重要的意义。

而在成都马拉松的后半程，其途经站点又从体现成都悠久的历史文化文明的区域跳转到了体现新发展理念的现代都市，繁荣发展的全新景象使沿途风景也逐渐褪去了仆仆风尘，显露新色，空气中充满新时代的成都气息。这些站点中，有钟灵毓秀的著名学府——四川大学；三环内唯一的原生态湖泊，被誉为"成都之肺"的东湖公园；位处成都金融总部商务区核心发展区的天府国际金融中心；有着成都版"纽约中央公园"美誉的桂溪生态公园等。这些现代景点无不体现着成都在新时代的城市活力。成都马拉松的终点——成都世纪城新国际会展中心是成都市政府南迁地的政治核心区和泛城南经济圈核心地带，会展中心的人流、物流、信息流、资金流高度集中，代表着成都立足自身、走向世界的雄心壮志。

从成都的历史开端金沙遗址博物馆，到现代文明的代表成都世纪城新国际会展中心，一路奔跑而来，我们能够感受到遥远的长江古文明，在成都厚重的历史脉络中领略极具特色的古时建筑，在成都拔地而起的高楼大厦中感受先进的城市文明。

（五）成都马拉松"跑向"大满贯

从 2017 年开始赛事创办并进行赛事运营，成都马拉松赛的办赛规模和国际影响力逐年攀升，在 2018 年分别获得了中国田径协会"银牌赛事"及特色赛事"最美赛道"奖，同时入围了由人民网发布的 2019 中国最具影响力马拉松赛事排行榜前十，逐渐成为成都乃至中西部的优质品牌赛事。在 2019 年 5 月，成都马拉松成为世界马拉松大满贯联盟候选赛事，并将进入长期评估程序，有望在几年后成为世界马拉松大满贯的正式一员，这也是中国目前唯一的世界大满贯候选赛事。

2019 年 10 月举办的第三届成都马拉松赛也是成都马拉松在成为世界马拉松大满贯联盟候选赛事之后进行的首届比赛。赛后，世界马拉松大满贯联盟主席蒂姆·哈兹玛对成都马拉松在 3 年内的快速进步、达到国际一流的组织水平和规范标准表示了充分的肯定和高度的赞赏。他认为成都马拉松实际已达到了

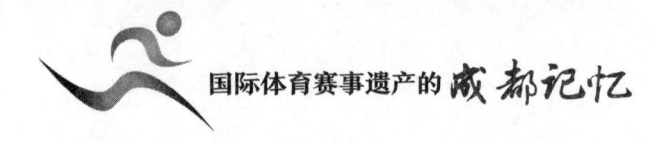

世界马拉松赛事的要求，对于成都马拉松未来的发展和迈入世界大满贯正式赛事也同样充满信心。

作为中国首个被提名的世界马拉松大满贯联盟候选赛事，成都马拉松将对中国马拉松的未来发展格局带来深远影响，也必将大幅提升成都的国际影响力。

（六）赛事专业化程度一流

成都马拉松创办至今，凭借其得天独厚的地域文化以及专业的赛事服务，受到了国内外专业人士的一致好评，能够从众多城市中脱颖而出入选世界马拉松大满贯联盟候选赛事则体现了国际上对于成都马拉松的充分认可。

在2017年成都国际马拉松创办之初，主办方便着力要将其打造成为中国西部影响力最大、辐射面最广、最受欢迎和最有代表性的马拉松赛事。在2018年万达体育成了成都马拉松赛事的运营推广方后，便凭借独特的赛道设置、完善的后勤保障及良好的参赛体验，使得赛事综合水平得到明显提升，受到了国内外跑者及媒体的一致好评。在其运营的后两年，共有超过54个国家和地区的48000名跑步爱好者参与其中，成都马拉松也逐渐发展成为中国马拉松赛事序列中的新兴力量。

2018年10月，世界马拉松大满贯联盟代表团就专程前往成都，考察成都马拉松的筹备情况和成都的城市文化，对两者给予了极高的评价。

专业的赛事服务水平同样是成都马拉松取得成功的重要原因。通过对参加过成都马拉松的跑者的满意度调查得知，除了令人印象深刻的赛道和标志景点，成都马拉松的赛事服务同样令他们感到温暖。比如在2020年成都马拉松大赛上，组委会在所有赛事流程上均增加了防疫措施环节，以确保选手们能够健康安全地参赛。同时在为选手准备的装备包中，除了往年就有的参赛服、雨衣、能量食品等常规配置，该届成都马拉松还为选手添置了有保暖作用的运动头巾，这是考虑到2020年的比赛推迟，天气较凉，赛事组委会希望能通过这种方式为选手"保温"，从而降低伤病风险。同时，组委会还招募了2347名志愿者为参赛选手服务，以确保赛场秩序和工作流程的正常进行。

（七）青年志愿者：成都马拉松的靓丽风景线

2020年11月，第四届成都马拉松在金沙遗址博物馆开跑，数万名来自国内外的马拉松爱好者沿着赛道畅享运动激情，领略成都的公园城市风采。而在现场，除了有参赛者与观众外，2347名青年志愿者也成为2020年成都马拉松赛道上另一道靓丽的风景线。

早在开赛前 3 个小时，部分志愿者便已着装整齐，在位于出发点的金沙遗址博物馆准备就绪，一个个忙碌的身影为冬日的成都清晨增添了一份温暖。而在赛道的终点——世纪城新国际会展中心，志愿者也早早在此等候，随时准备着为完赛的选手们提供及时的补给与帮助。此外，志愿者还高标准提供地铁和快速公交站引导、衣物存取、赛道补给、赛道医疗等整套的贴心保障服务，协助所有参赛选手顺利跑完全程。在这群志愿者中，既有公司的职员，也有高校的学生，因为成都马拉松，他们相聚在一起，在这备受关注的国际性赛事中共同扮演着重要角色。

与以往不同，2020 年的成都马拉松志愿者首次开启了高校统一组织与社会化招募相结合的全新方式，与以往仅面向大学生的招募方式相比，进一步扩大了志愿者招募范围。其中，该届成都马拉松志愿者中有 105 名来源于社会化招募，为更多的蓉城青年创造了近距离接触成都马拉松的机会。实践证明，志愿者用热情的态度、细致的服务，认真践行了志愿工作，充分展现了作为当代青年的良好形象和责任担当，他们用实际行动在成都马拉松中践行了青年先锋精神，也让青春在服务社会、服务大众中绽放出绚丽之花。

（八）工作人员：成都马拉松的幕后英雄

除了志愿者外，在成都马拉松的赛场周围，有这样的一群"幕后英雄"，他们坚守在自己的工作岗位上，为比赛的选手们保驾护航。

1. 医务人员：构建安全的医疗防护

在成都马拉松的赛道上有这样一群人，他们一直陪伴着赛场上的奔跑者，并默默伴随着他们一起奔跑。他们不为夺取奖牌，而是为了能够第一时间给有需要的跑友们提供医疗帮助。他们被称为急救跑者，是马拉松赛道上的"移动医疗站"，是陪伴和保护跑者们安全到达终点的"守护神"。然而，要成为急救跑者，必须按照组委会招募选拔的标准进行严格筛选，除了要拥有在有效期内的执业医生、执业护士证书或 CPR/AED 急救证书外，急救跑者本身还必须有至少一次半程或全程马拉松经历并且需提交该年度的合格体检报告单。在赛前，他们还要接受专业的马拉松赛道急救实战培训，以确保万无一失。

除急救跑者外，成都马拉松组委会还专门组建了一支由上百人组成的专业医疗队，同时在赛场周边配备多辆医疗急救车、大型医疗点，以及各种沿途设置的专业医疗设备等。医护人员、医疗志愿者以及急救陪跑者，共同为选手们的健康保驾护航，他们无疑是成都马拉松上最为可靠的医疗安全"防护墙"。

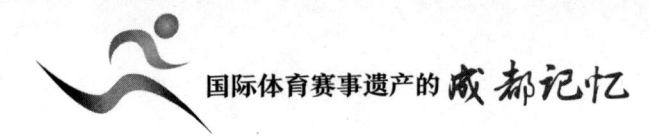

2. 专业裁判：确保赛事公平公正

作为一场大型马拉松赛事，成都马拉松需要的裁判远远多于一场普通的田径比赛。仅在 2018 年，成都马拉松的裁判人数便达到了 285 人，他们分布在计时裁判、检录裁判、赛道引导裁判、仲裁裁判、饮水用水站裁判、收容车裁判、存衣裁判和完赛物品发放裁判等多个岗位上。为了保证比赛的公平公正，在赛前，成都马拉松组委会同样会对裁判进行培训与分工，从而让裁判能够更加清晰地了解比赛项目、参赛规模和路线等赛事情况。在赛道上的各个裁判要更好地管理志愿者的工作，并提醒大家注意安全，保证赛事各项组织工作有条不紊地进行。此外，针对赛道缺水、存取衣、运动员倒地等各类突发状况进行现场情景模拟，提升裁判员面对赛事各类突发状况的心理应急能力和增加应对突发状况的信心。成都马拉松组委会还会开展全体裁判员会议及赛道各点位演练，为来自全国各地的跑友和来自海外的参赛者，呈现出一场高质量、高水平的国际马拉松赛事。

3. 安保人员：维护赛事秩序

一个严密的安保指挥体系可谓是赛事有序运行的重要保障。在成都马拉松的赛场周边，便分布着一系列的安保措施，而安保各部门的协同合作与指挥，则确保了成都马拉松赛事的圆满举办，实现了赛事安全的总体目标。

据统计，在 2020 年的成都马拉松赛事中，现场共投入了安保力量 15000 余人，其中警力 6056 人，社会安保力量 9000 余人，使用硬质隔离 52000 余米、警戒带 65000 余米[①]。此外，成都马拉松组委会还采取了多项举措来强化安保：首先围绕赛事线路，狠抓基础资料收集、基本情况研判和安全风险评估，深入掌握周边道路、地铁站、小区及写字楼等状况，并切实开展人员身份信息的安全核对。其次，现场安保坚持实战为先、以演促练、以练促战，会同政府相关部门进行了赛前联合演练，确保一旦发生突发事件能够依法、高效、稳妥、有序地处置，并切实落实安检要求，确保人员、物品、场地的"三干净"。再次，安保人员强化了对枪爆危险品、散装汽油、寄递物流、"低慢小"飞行器等重点行业、危险物品的安全监管。同时，持续开展治安、交通秩序整治行动，严厉打击各类违法犯罪。通过大力加强行业管理和社会面管控，打造良好的社会秩序，有效策应赛事安全举办。最后，还要做到安保效果和民生效

---

① 钟晓璐：《2020 年成都投入 1.5 万名安保力量　100 名警察组成互跑团》，https://www.sichuanpeace.gov.cn/pasc/20201130/2352088.html。

果并重，要精心规划比赛路线，将赛事交通和社会交通关系作为开展治安工作的重中之重，尽量做到少封路、不封路，少扰民、不扰民，具体体现在区域封控、交通管理、安检查控等涉及民生出行的重要交通枢纽方面，每2.5公里部署专门撤除小组，分时、及时撤除比赛设施。

成都马拉松上的安全保障将赛事安全和人性化并重，根据赛道道路情况以及周边治安情况科学地采取封控与管理模式，在保障赛事安全顺利进行的前提下，最大限度地减少赛事安保工作对城市运行和市民生产生活的影响。

第六节 国际赛场上的大运会记忆

2008年北京奥运会的主体育场"鸟巢"在奥运会之后成为北京市民参与体育活动及享受体育娱乐的大型专业场所，并成为地标性的体育建筑和奥运遗产。素有"小奥运"之称的世界大学生运动会，在全球也有不少引以为傲的"大运遗产"：2011年在深圳举办的第26届世界大学生夏季运动会，世界首例三馆一体建筑深圳湾体育中心，犹如孕育破茧而出、冲向世界的运动健儿的孵化器，被人们赋予"春茧"的爱称，如今已经成为深、港、澳博览会展的靓丽平台和辐射珠三角的知名演艺中心；2013年在俄罗斯喀山举办的第27届世界大学生夏季运动会，第一次亮相世界舞台的喀山中央体育场静静伫立在卡赞卡河河畔，宛如一朵沉睡的"水莲花"，大运会后举办的各项著名体育赛事使得喀山中央体育场成为全球最值得打卡的体育场馆之一。从场馆的角度出发，即将举办的第31届世界大学生夏季运动会又将为成都留下足迹。通过专访成都大运会执行委员会相关负责人、行业专家，多角度探寻"成都答案"。"成都答案"背后，是成都让体育离市民更近、离产业更近的深层次考量和实践。随着成都露天音乐公园、凤凰山体育公园、天府艺术公园等建筑场馆的建成投运，"大运效应"得以提前释放。于市民而言，休闲健身有了好去处；于城市发展而言，体育产业焕然蓬勃。

奥运会、世界杯、大运会等国际重大赛事均有力地推动了城市设施完善、交通优化、生态改善、面貌焕新、品质提升，扩大了有效投资、消费需求、就业岗位，大幅提升了举办地在全球的美誉度和影响力，有效催化了各类高端要素在国际、国内的循环流动。

国际体育赛事遗产的 成都记忆

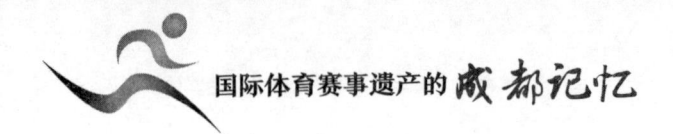

一、成都大运会博物馆

根据国际大学生体育联合会《世界大学生夏季运动会基本要求》，参照北京冬季奥运会等世界综合性运动会惯例，为更好地展示成都大运会给城市发展和市民生活带来的巨大变化，成都大运会将在东安湖体育公园设立成都第31届世界大学生夏季运动会博物馆（简称"成都大运会博物馆"）。据成都举行的"大运有我 传承记忆"成都大运会博物馆藏品征集宣传活动消息，该博物馆筹办工作目前正有序推进，文物藏品征集工作已经开始，预计将在成都大运会开幕时正式开馆。

成都大运会博物馆是成都大运会执委会确立的重大遗产项目，博物馆以大运会执委会名义设立，龙泉驿赛区负责规划建设，位于东安湖体育公园主体育场，面积3300平方米，中国书协主席孙晓云题写馆名。成都大运会博物馆按"时代使命""责任担当""全球盛会"三个篇章布展，旨在完整记载大运会成功申办、紧张筹办、精彩举办的历史进程。

为确保成都大运会博物馆高水平筹建，大运会执委会专门成立由执委会领导牵头、国内一流专家学者参与的指导团队。目前，该博物馆筹建专班正全力以赴，确保博物馆在大运会开幕时完美呈现。据了解，大运会博物馆已征集各类实物藏品300余件，图片、影像及电子文档80000余份[①]，其中包括国星宇航提供的"大运号"卫星模型以及川航"大运号"飞机模型等。筹建团队还将继续向国际大学生体育联合会、中国大学生体育协会、大运会举办城市以及社会各界征集收藏物品。

在成都举行的成都大运会藏品征集宣传活动上，成都大运会执委会向首批捐赠藏品的成都许燎源现代设计艺术博物馆馆长许燎源、中华全国集邮联合会副会长薛康等颁发收藏证书。四川省博物院、四川大学博物馆、成都市档案馆、成都市博物馆等专家出席活动。与会人士表示，将通过高起点规划设计、高品质征集展陈和高水平建设营运，努力将成都大运会博物馆建设成为与成都国家中心城市地位相匹配、与世界综合运动会影响力相适应的国际赛事博物馆。

二、东安湖体育公园——"太阳神鸟腾飞"

2019年，成都正式取得第31届世界大学生夏季运动会的申办权；举办赛

---

① 陈地：《成都大运会博物馆面向社会公开征集藏品》，http://sports.news.cn/c/2022-04-21/c_1128579189.htm。

事的大运会场馆项目也开始向全世界披露——为迎接大运会，成都共设置了49座场馆，含13座新建场馆和36座改造场馆。13座新建场馆包括了位于东安湖体育公园内的主体育场、游泳跳水馆、多功能体育馆、小球馆以及凤凰山体育公园、高新区体育中心等，这些场馆都将在成都大运会期间承担重要的比赛任务。其中，东安湖体育公园的"一场三馆"将承担大运会开幕式和游泳、体操比赛项目，也因此备受市民瞩目。

东安湖的"一场三馆"是本届大运会中最大的一个场馆项目，成都大运会开幕式的乐章将在此奏响，呈上成都大运会献给全世界的第一份大礼。作为大运会开闭幕式主场馆，开幕式上，东安湖体育公园体育场将以245万颗LED灯珠在夜幕之下艺术呈现"飞碟"造型及屋面"太阳神鸟"。成都新建的东安湖体育公园，场面开阔，气势恢宏，"一场三馆"点缀其间，耀眼夺目，湖水在夕阳映衬下五光十色，湖畔林木栽种茂密，并布置了灯带，每当夜幕降临，随着各色灯光的切换，显得十分大气辉煌，无疑又给成都增添了一座新的地标建筑（如图6-1所示）。

图6-1 东安湖体育公园夜景

图片来源：《大运会火炬塔亮了 设计保证9级以上大风极端天气下不熄灭》，https://cn.bing.com/search?q=Https%3A%2F%2Fwww.baidu.com&form=IPRV10。

三、凤凰山体育公园——"城市会客厅"

从2019年3月获得成都大运会举办权以来，成都就通过全方位的赛事筹备，将建设世界赛事名城与公园城市有机结合起来。"以赛谋城"——成都已开启城市发展新赛道的产业布局。体育场馆、公共设施、城市功能形态、道路交通等基础设施建设都将随着成都大运会的到来提升到一个新水平，同时还有更多的城市新地标将拔地而起。

成都具备成功举办世界大运会的软硬件设施。近几年,成都已经成功举办世界体育舞蹈节、全球象棋双人赛、女子乒乓球世界杯等数十项国际性赛事,成都双遗马拉松、成都马拉松等已经成为拥有一定知名度的成都特色赛事。不难看出,体育运动已融入成都的城市基因和发展战略。承办国际赛事的一个重要目的是营造健康运动场景、推广健康休闲方式。统计数据显示,近年来,成都在国际品牌赛事申办和举办方面收效明显,2018年至2020年累计举办国际体育赛事60多项,其中洲际锦标赛以上级别赛事达50%,自主品牌赛事达40%[1]。这种"爆发式"增长提升了成都影响力,向世界展示了成都国际化的城市形象。

热爱运动的城市基因,正让体育这一世界的通用"语言",成为成都国际交往的崭新"名片"。成都用体育讲出城市的故事,动听、动人,激荡人心。按照成都市委、市政府建设"三城三都"的总体战略部署,满足FIFA标准与NBA标准的凤凰山体育公园,由一场一馆组成(如图6-2所示)。凤凰山体育公园以承接国际顶级赛事及国内顶级联赛、满足青少年足球专业化培养、体育交流、会展博览、商业演出、大型综艺、旅游观光为目标,致力于打造国际顶级赛事中心、体育专业培训中心、体育文化交流中心、体育产业发展中心,力争建设成为世界一流的专业化场馆。凤凰山体育公园是成都大运会篮球比赛场馆所在地。根据设计,场馆综合体包含专业足球场、综合体育馆及配套商业。其中,满足NBA标准、1.8万座的综合体育馆,可承接顶级篮球、冰球、羽毛球、乒乓球、手球、体操等室内赛事,也能用于举办商业演出、大型论坛活动。满足FIFA标准、6万座的专业足球场(如图6-3所示),可承接国际顶级足球赛事,还能用于举办国际巨星商业演出、大型歌舞晚会、颁奖典礼。未来,它将成为顶级足球赛事中心、专业足球培训中心、足球文化交流中心和足球产业发展中心。

---

[1] 李艳玲、孟浩:《成都能为大运会留下怎样的印记?3个答案看大运场馆的"蓉"耀》,http://sc.cnr.cn/sc/2014sc/20201123/t20201123_525338673.shtml。

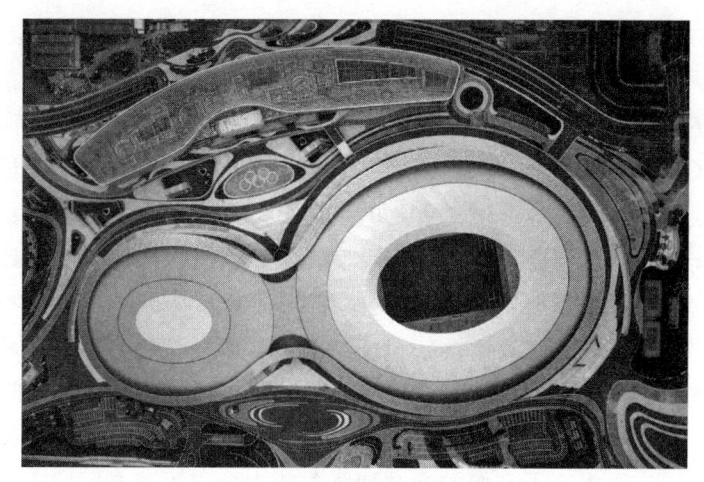

图 6-2 凤凰山体育公园

图片来源：《中超首秀！凤凰山体育公园惊艳出圈》，https://www.sohu.com/a/620640570_121089892。

图 6-3 凤凰山体育公园专业足球场

图片来源：《中超首秀！凤凰山体育公园惊艳出圈》，https://www.sohu.com/a/620640570_121089892。

凤凰山体育公园位于成都金牛区，是第 31 届世界大学生夏季运动会核心场馆，也是 2023 年第 18 届亚洲杯球赛成都赛区主场馆。2018 年 12 月，凤凰山体育公园开工建设。2021 年 3 月 31 日，凤凰山体育公园落成。2022 年 1 月 9 日，2021 年中国足球协会杯决赛在凤凰山体育公园专业足球场进行。2022 年 8 月，凤凰山体育公园全民健身中心正式开放。

四、成都大运村——"科技与智慧的融合"

大型赛事体育场馆的建设成本非常高，但是往往承办完一次大型活动后，体育场馆的运营便陷入困局，场馆大多被闲置，造成很大的资源浪费。第31届世界大学生夏季运动会是成都第一次承办的世界性综合体育赛事，赛后如何运营场馆使其继续发挥能量，显然是一个需要提前做好"功课"的课题。

根据成都关于大运会"办赛营城"的理念，这些体育场馆的设计除了考量在赛期的使用外，赛后运营也是重要的考虑部分。要解决大型体育场馆后期利用问题，场馆规划是赛后运营关键。事实上，东安湖主体育场在设计之初就在"经济"上有很多的考量。主体育场的座位数是4万座，也是综合考虑了赛事运行以及它的经济效益。大运会新建场馆的设计以经济型为主，充分考虑赛后社会运营。改造场馆在本届大运会赛事场馆中比重很大，36个改造场馆充分依托高校、区县原有体育场馆进行改造提升，这类场馆本就具有全民健身的功能，提升改造工作提高了它们的标准和服务能力，也可以更好地服务城市赛事举办和全民健身需求。不仅如此，13个新建场馆在选址上也充分考虑了区域周边的需求，以保障赛后可将场馆运营做优、做活。东安湖体育公园内的主体育场满足了龙泉驿区对区级大型体育场馆的需求。

成都大运村位于成都大学校园内（如图6-4至图6-6所示），距市中心仅12公里。作为大运会的核心组成部分之一，大运村秉承"开放、融合、绿色、智慧"的规划设计理念，在改造已有宿舍、食堂、体育场馆的同时，还新建生活服务中心、医疗中心、行政保障中心、国际教育交流中心、中国－东盟艺术学院新院区等项目，改建总面积28万平方米，新建总面积38万平方米。

图6-4 成都大运村鸟瞰图

图片来源：《成都"大运村"正式揭牌，直击台前幕后那些事儿》，https://baijiahao.baidu.com/s?id=1718587202038022350。

图 6—5　成都大运村正门

图片来源：《成都"大运村"正式揭牌，直击台前幕后那些事儿》，https：//baijiahao.baidu.com/s?id=1718587202038022350。

图 6—6　成都大运村侧面

图片来源：《成都"大运村"正式揭牌，直击台前幕后那些事儿》，https：//baijiahao.baidu.com/s?id=1718587202038022350。

　　成都大运村整体占地面积约 80 万平方米，由居住区、运行区、国际区和交通区 4 部分组成，将为代表团提供住宿、餐饮、健身、商业、休闲娱乐、文化交流等多种服务，为来蓉参赛代表团提供安全舒适的生活和工作环境，保障运动员以最佳状态参赛。可以说，运动员村是支撑赛事运行的基本盘。其中，国际区设置主信息中心和赛事信息中心，一站式快捷办理代表团相关业务，连

107

通运动员村与竞赛训练场馆信息渠道，为代表团提供准确、及时的信息服务和全面的业务办理。同时，村内还将举行不同主题、多种形式的文化活动，突出中国元素、四川特征和天府文化，展现青春风采，营造浓厚的大运会文化氛围，丰富运动员的赛后生活。

大运会结束后，成都大运村将用于校园教学，继续发挥其功能。2021年12月8日上午，"成都大运会运动员村揭牌活动"在成都大学举行。活动现场，成都大运会执行委员会宣布大运村村委会成立，标志着大运会赛事保障体系更加完善。活动还发布了《大运村场馆惠民行动计划》，让成都大运村更好地服务教育、惠及市民。成都大运村作为承办国际最高规格的学生体育赛事、促进全球青年学习交流与合作共享的重要平台，对于深化体教融合、促进对外开放、提升城市功能、展现城市形象具有重要意义。

目前，成都大运村新建和改造项目已完工，各种配套设施顺利推进，初步形成与赛事相适应的运行体系和功能支撑。大运村于2019年4月启动建设，对宿舍、食堂等进行改造，同时新建代表团公寓、医疗中心、游泳馆等22个单体建筑。项目于2021年3月完工。项目充分考虑赛后利用，在前期规划过程中，重视成都大运村项目既能满足赛事要求，又能符合赛后高效教学使用条件。

成都大运村对于大运会赛事具有重要意义，参赛代表团将会在成都大运村里得到全方位的后勤保障。成都大运村在注重精彩、节俭、实效和安全的基础上，将陆续推出"场馆开放、体验行动、文化交流、赛事演艺"四大行动共22个惠民计划，实现"共享建设成就、共建文化氛围、共塑市民形象、共聚四方关注"，让赛事筹办成果及时惠及广大市民，为公园城市建设贡献更多大运力量。成都大运村分为运行区、国际区、居住区、交通区和辅助区等功能区，以实现国际大学生体育联合会对成都大运村的功能要求及承担的排球比赛、田径训练需要。

运行区（如图6-7所示）主要由新建的2.5万平方米行政保障大楼和一栋利用学生食堂改造的工作人员餐厅组成。行政保障大楼位于成都大学图书馆正前方成都大运村升旗广场区域的右侧，是各国代表团进村的第一站，主要承担代表团接待、注册、制证、访客、新闻及行政运行工作，提供安全、信息、能源、餐饮保障服务。

第六章 国际赛事非物质文化的活态传承

图 6-7 成都大运村运行区

图片来源:《成都大运村长啥样？带你抢"鲜"看》, https://new.qq.com/rain/a/20220407A08NTQ00。

国际区将会是成都大运村最大的亮点，主要提供主信息中心、代表团服务中心、商业服务、休闲娱乐、大型会议和文化交流等丰富的服务（如图6-8所示）。

图 6-8 行政保障大楼内部

图片来源:《成都大运村长啥样？带你抢"鲜"看》, https://new.qq.com/rain/a/20220407A08NTQ00。

升旗广场位于图书馆南侧，约有1.2万平方米，两侧共有180根旗杆，这里将举行成都大运村开村仪式和代表团升旗仪式（如图6-9所示）。

109

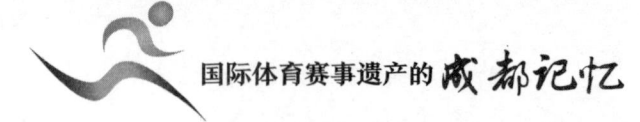

图6-9 升旗广场

图片来源：《成都大运村长啥样？带你抢"鲜"看》，https://new.qq.com/rain/a/20220407A08NTQ00。

代表团服务中心（如图6-10、图6-11所示）位于升旗广场东侧，约为1.5万平方米，可提供国际大体联办公、代表团服务、赛事资讯、会议、商业等多功能综合服务，其中最大的会议室为940座的大型报告厅。

图6-10 代表团服务中心内部

图片来源：《成都大运村长啥样？带你抢"鲜"看》，https://new.qq.com/rain/a/20220407A08NTQ00。

第六章　国际赛事非物质文化的活态传承

图 6-11　报告大厅内部

图片来源：《成都大运村长啥样？带你抢"鲜"看》，https://new.qq.com/rain/a/20220407A08NTQ00。

医疗实训大楼位于图书馆北侧（如图 6-12、图 6-13 所示），约为 2 万平方米，赛时由成都大学具有百年历史的附属医院为成都大运村提供医疗保障，医疗中心有 16 个科室，近两百人的医疗团队。

图 6-12　医疗实训大楼

图片来源：《成都大运村长啥样？带你抢"鲜"看》，https://new.qq.com/rain/a/20220407A08NTQ00。

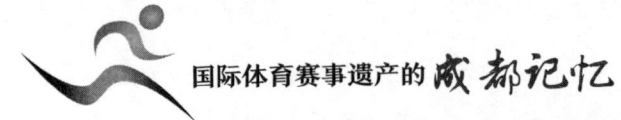

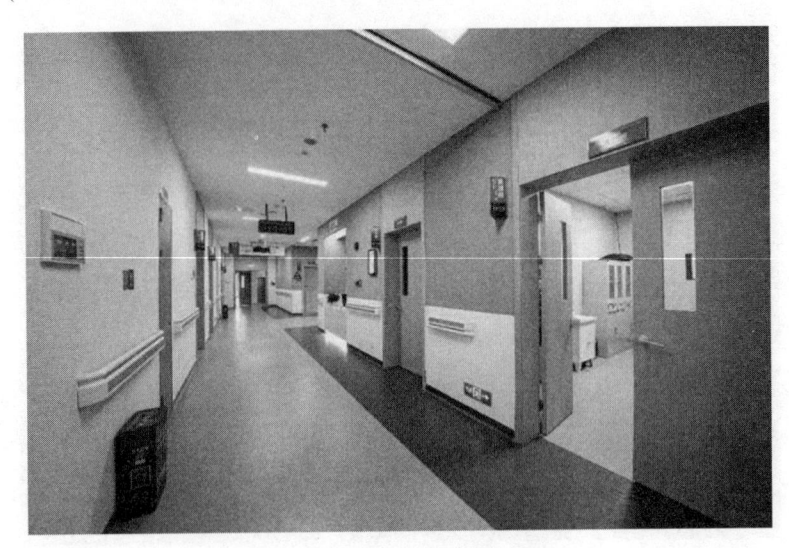

图 6-13 医疗实训大楼内部

图片来源：《成都大运村长啥样？带你抢"鲜"看》，https://new.qq.com/rain/a/20220407A08NTQ00。

成都大运村设置有直升机停机坪（如图 6-14 所示），赛事将提供空地一体的紧急医疗服务。赛后用作校医院及临床教学实训，将极大地提升成都大学医学办学条件。

图 6-14 友谊森林停机坪

图片来源：《成都大运村长啥样？带你抢"鲜"看》，https://new.qq.com/rain/a/20220407A08NTQ00。

艺术中心约为 4.5 万平方米（如图 6-15 所示），将举行多场高水平艺术表演。

图 6-15 艺术中心

图片来源：《成都大运村长啥样？带你抢"鲜"看》，https://new.qq.com/rain/a/20220407A08NTQ00。

居住区主要提供代表团住宿、餐饮服务（如图 6-16）。每栋楼都有电梯和住宿服务大厅，配备代表团办公室、随队医疗室、储物间、自助服务室、健身室、洗衣房等功能用房。

图 6-16 居住区外观

图片来源：《成都大运村长啥样？带你抢"鲜"看》，https://new.qq.com/rain/a/20220407A08NTQ00。

居住区附近还配置了篮球馆、游泳馆（如图 6-17 所示）和健身中心、小球馆及两片田径场等多个体育场馆设施。成都大运村慢跑系统与锦城绿道、青龙湖无缝连接，能为运动员提供高水平的体能恢复保障。

图 6-17　游泳馆内部

图片来源：《成都大运村长啥样？带你抢"鲜"看》，https://new.qq.com/rain/a/20220407A08NTQ00。

赛训区域主要由体育馆、田径场、新建的体育馆副馆组成，分别承担排球比赛和田径运动员的专业训练（如图 6-18 至图 6-20 所示）。

图 6-18　田径场

图片来源：《成都大运村长啥样？带你抢"鲜"看》，https://new.qq.com/rain/a/20220407A08NTQ00。

第六章　国际赛事非物质文化的活态传承

图 6-19　排球馆

图片来源：《成都大运村长啥样？带你抢"鲜"看》，https://new.qq.com/rain/a/20220407A08NTQ00。

图 6-20　排球馆副馆

图片来源：《成都大运村长啥样？带你抢"鲜"看》，https://new.qq.com/rain/a/20220407A08NTQ00。

主要参考文献

[1] 姜世波,李梦琦."奥运遗产":一个国际人权视角的观察[J].天津体育学院学报,2020(5):574-580+593.

[2] 徐拥军,张丹,闫静.奥运遗产理论的构建:原则、方法和内涵[J].成都体育学院学报,2021(2):16-21.

[3] 金岱,张丽,聂晨曦,等.论广州亚运会的内涵文化遗产[J].体育学刊,2008(12):14-18.

[4] 杨桦,姜登荣.篮球运动的起源及其在中国初期发展的历史考略[J].成都体育学院学报,1997(1):31-36+86.

[5] 杨桦.论篮球运动的本质、特征及规律[J].成都体育学院学报,2001(4):60-62.

[6] 刘玲,孟贺明.浅谈乒乓球运动特点和发展规律[J].阜阳师范学院学报(自然科学版),2003(2):66-68.

[7] 张利,杨三军.乒乓球运动起源与技战术发展研究进展[J].体育文化导刊,2016(6):98-99+108.

[8] 龚智敏.关于足球运动起源之新论[J].体育与科学,2007(1):19-21.

[9] 张延平,仇亚洲.欧洲中世纪城市兴起再思考——以人口增长、地理环境为视角[J].学理论,2011,63(33):149-150.

[10] 吴亚东.试论现代城市体育精神[J].体育与科学,2005(2):29-32.

[11] 鲍明晓,赵剑缘.以世界赛事名城建设助力成都突围发展[J].先锋,2019(9):42-44.

[12] 唐代兴.文化自信走向文化认同的逻辑[J].深圳大学学报(人文社会科学版),2022(4):26-36.

[13] 钟婷.文化复兴视角下老城区发展策略——以成都青羊源城为例[J].上海城市规划,2019(6):53-59.

［14］张建仁. 关于教育国际化若干问题的思考［J］. 新疆师范大学学报（哲学社会科学版），2003（3）：75-78.

［15］魏洪平. 文化强国背景下体育赛事文化对城市文化核心竞争力的作用机制研究［J］. 南京体育学院学报（社会科学版），2017（3）：58-61.

［16］邱婷，柳鸣毅，姜韩. 大型体育赛事与城市文化传承的关系研究［J］. 广州体育学院学报，2016（3）：39-44.